The
BOB
DYLAN
Banjo Chord
Songbook

Published by
Wise Publications
14-15 Berners Street, London W1T 3LJ, UK.

Exclusive Distributors:

Contact us:
Hal Leonard
7777 West Bluemound Road
Milwaukee, WI 53213
Email: info@halleonard.com

In Europe, contact:
Hal Leonard Europe Limited
42 Wigmore Street
Marylebone, London, W1U 2RN
Email: info@halleonardeurope.com

In Australia, contact:
Hal Leonard Australia Pty. Ltd.
4 Lentara Court
Cheltenham, Victoria, 3192 Australia
Email: info@halleonard.com.au

Order No. AM1008271
ISBN: 978-1-78305-436-7
This book © Copyright 2014 Wise Publications,

Edited by Adrian Hopkins.
Chord diagrams created by Shedwork.com
Original music arranged by Matt Cowe.
Engraved by Paul Ewers Music Design.
Banjo photograph courtesy of Tanglewood guitars.
www.tanglewoodguitars.co.uk

The
BOB
DYLAN
Banjo Chord
Songbook

Tuning your Banjo

Relative tuning

The banjo can be tuned to match the notes on a piano (see diagram below), or with pitch pipes or electronic tuners, which are available through your local music dealer. If you do not have a tuning device, you can use relative tuning. Estimate the pitch of the 4th string as near as possible to D or at least a comfortable pitch (not too high, as you might break other strings in tuning up). Then, while checking the various positions on the diagram, place a finger from your left hand on the:

5th fret of the D (or 4th string) and tune the open G (or 3rd string) to the note G; then:

4th fret of the G or (3rd string) and tune the open B (or 2nd string) to the note B; then:

3rd fret of the B or (2nd string) and tune the open D (or 1st string) to the note D; then:

5th fret of the D or (1st string) and tune the open g (or 1st string) to the note g.

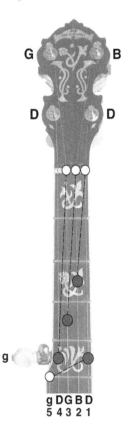

Here are the notes of G tuning:

Fourth string = D (lowest)
Third string = G
Second string = B
First string = D
Fifth string = G (highest)

If you're playing with a piano, the third string of the banjo is the G note that is found below Middle C on the piano.

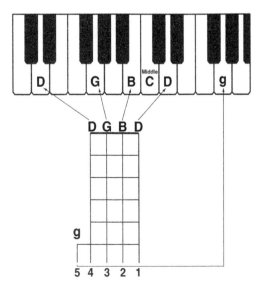

Reading chord boxes

Chord boxes are diagrams of the banjo neck viewed head upwards, face-on as illustrated. The horizontal lines represent the frets. The top horizontal line is the nut, unless a higher fret number is indicated.

The vertical lines are the strings, starting from D (or 4th) on the left to D (or 1st) on the right. The top g (5th) is not shown.

The black dots indicate where to place your fingers.

Strings marked with an O are played open, not fretted. Strings marked with an X should not be played.

The curved bracket indicates a 'barre' – hold down the strings under the bracket with the correct finger, using other your other fingers to fret the remaining notes.

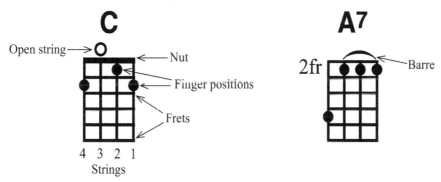

Alternate tunings

Although open G tuning (**gDGBD**) is considered the most common for the 5-string banjo, there are many other alternate tunings that can be used. There are three other tunings used in this book. These instructions assume that you are starting with your banjo tuned in G:

A tuning (**aEAC#E**)
A tuning is just the same as G tuning, except all the notes have been raised one tone. You may want to purchase capos for your banjo; one to go around the neck, and a 5th-string capo, just for the top G string. Alternatively, you may wish just to play the songs in regular G tuning, without tuning up.

Double C tuning (**gCGCD**)
With Double C tuning you need to tune down the D string (4th) one tone to C, then tune up the B string (2nd) one semitone to C. Play the lower C string whilst you tune up the 2nd string, ensuring that they both match in pitch.

Standard C tuning (**gCGBD**)
Standard C tuning is the same as Double C, except you only need to tune down the D string (4th) one tone. Only 'Changing Of The Guards' (p. 12) uses that particular tuning in this book.

All Along The Watchtower

Words & Music by Bob Dylan

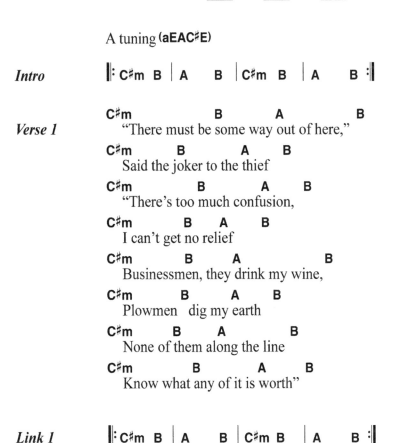

C#m   B   A

A tuning (aEAC#E)

Intro   ‖: C#m B | A   B | C#m B | A   B :‖

Verse 1

C#m   B   A   B
"There must be some way out of here,"
C#m   B   A   B
Said the joker to the thief
C#m   B   A   B
"There's too much confusion,
C#m   B   A   B
I can't get no relief
C#m   B   A   B
Businessmen, they drink my wine,
C#m   B   A   B
Plowmen   dig my earth
C#m   B   A   B
None of them along the line
C#m   B   A   B
Know what any of it is worth"

Link 1   ‖: C#m B | A   B | C#m B | A   B :‖

Verse 2

C#m   B   A   B
"No reason to get excited,"
C#m   B   A   B
The thief, he kindly spoke
C#m   B   A   B
"There are many here among us
C#m   B   A   B
Who feel that life is but a joke

cont.

      C♯m   B   A   B
But you and I, we've been through that,

      C♯m   B   A   B
And this is not our fate

      C♯m   B   A   B
So let us not talk falsely now,

      C♯m   B   A   B
The hour is getting late"

Link 2   ‖: C♯m B | A   B | C♯m B | A   B :‖

Verse 3

      C♯m   B   A   B
All along the watchtower,

      C♯m   B   A   B
Princes kept the view

      C♯m   B   A   B
While all the women came and went,

      C♯m   B   A   B
Barefoot servants, too

      C♯m   B   A   B
Outside in the distance

      C♯m   B   A   B
A wildcat did growl

      C♯m   B   A   B
Two riders   were approaching,

      C♯m   B   A   B
The wind began to howl

Coda | C♯m B | A   B | C♯m B | A   B |

            | C♯m B | A   B | C♯m   ‖

Blowin' In The Wind

Words & Music by Bob Dylan

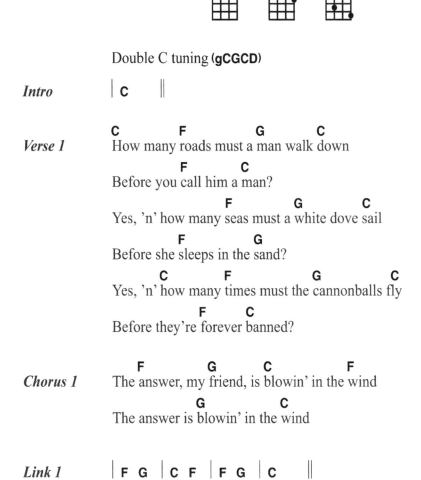

Double C tuning (**gCGCD**)

Intro | **C** ||

Verse 1
   C   **F**   **G**   **C**
How many roads must a man walk down
           F   **C**
Before you call him a man?
                F   **G**   **C**
Yes, 'n' how many seas must a white dove sail
         F   **G**
Before she sleeps in the sand?
       C   **F**   **G**   **C**
Yes, 'n' how many times must the cannonballs fly
         F   **C**
Before they're forever banned?

Chorus 1
       F   **G**   **C**   **F**
The answer, my friend, is blowin' in the wind
         G   **C**
The answer is blowin' in the wind

Link 1 | **F G** | **C F** | **F G** | **C** ||

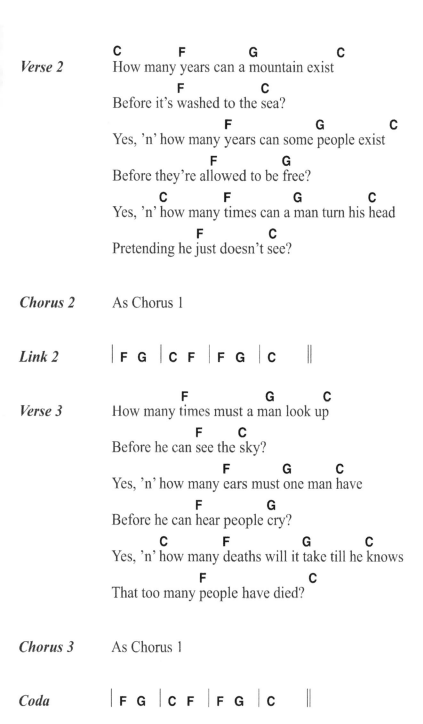

Verse 2

```
  C        F        G              C
How many years can a mountain exist
          F              C
Before it's washed to the sea?
                    F        G        C
Yes, 'n' how many years can some people exist
              F            G
Before they're allowed to be free?
        C        F        G          C
Yes, 'n' how many times can a man turn his head
          F          C
Pretending he just doesn't see?
```

Chorus 2   As Chorus 1

Link 2 | F G | C F | F G | C   ‖

Verse 3

```
              F            G        C
How many times must a man look up
          F        C
Before he can see the sky?
                  F        G        C
Yes, 'n' how many ears must one man have
          F            G
Before he can hear people cry?
        C        F        G          C
Yes, 'n' how many deaths will it take till he knows
              F                  C
That too many people have died?
```

Chorus 3   As Chorus 1

Coda | F G | C F | F G | C   ‖

Changing Of The Guards

Words & Music by Bob Dylan

G   D   Em   Am7   C

To match original recording tune banjo one semitone higher

Standard C tuning (**gCGBD**)

Intro
| **G**   *(fade in)* ‖

Verse 1

G   D   Em
Six - teen years
Am7   G   D   Em
Sixteen   banners united over the field
               C   D
Where the good shepherd grieves
             Em   Am7   G   D
Desperate men, desperate   women divided
                  Em   C D G
Spreading their wings 'neath the fall-ing leaves

Verse 2

G D   Em
Fortune calls
Am7   G   D   Em
I stepped forth from the shadows, to the marketplace
               C   D   Em
Merchants and thieves, hungry for power, my last deal gone down
Am7   G   D   Em
She's smelling   sweet like the meadows where she was born
                C   D   G
On midsummer's eve, near the tower

Link 1
| **G   D** | **C** | **G   D** | **C** |

| **G   D** | **C   D** | **G   C** ‖

Verse 3

```
      G         D    Em
      The cold-blooded moon
          Am⁷   G                    D
The captain waits above the celebration
               Em          C       D
Sending his thoughts to a   beloved maid
                 Em  Am⁷ G            D
Whose ebony face is be-yond communication
                    Em                     C    D    G
The captain is down but still believing that his love will be repaid
```

Verse 4

```
      G       D  Em
They shaved her head
         Am⁷        G           D
She was torn between   Jupiter and Apollo
                Em         C          D
A messenger arrived with a black nightingale
                 Em    Am⁷ G           D
I seen her on the stairs and I   couldn't help but follow
               Em                       C   D    G
Follow her down past the fountain where they lift - ed her veil
```

Link 2

```
| G    D  | C        | G    D  | C            |

| G    D  | C   D   | G    C  ||
```

Verse 5

```
      G           D    Em
      I stumbled to my feet
Am⁷          G          D
I rode past destruction in the ditches
          Em                     C            D
With the stitches still mending 'neath a heart-shaped tattoo
          Em    Am⁷ G             D
Renegade priests and      treacherous young witches
          Em                    C   D   G
Were handing out the flowers that I'd   given to you
```

Verse 6

```
        G     D   Em
The palace of  mirrors
Am⁷         G              D
Where dog   soldiers are reflected
            Em          C        D
The endless road and the wailing of chimes
            Em    Am⁷    G           D
The empty rooms where her memory is protected
            Em                      C     D     G
Where the angels' voices whisper to the souls of previous times
```

Link 3

```
│ G    D  │ C         │ G    D  │ C           │

│ G    D  │ C    D  │ G    C    ‖
```

Verse 7

```
        G     D   Em
She wakes him up
        Am⁷      G           D
Forty-eight hours later, the sun is breaking
            Em             C              D
Near broken chains, mountain laurel and rolling rocks
            Em    Am⁷ G                   D
She's begging to know what measures he now will be taking
            Em                          C    D      G
He's pulling her down and she's clutching on to his   long golden locks
```

Verse 8

```
G    D     Em
Gentlemen, he said
Am⁷   G              D                    Em
I don't need your organization, I've shined your shoes
                C                       D
I've moved your mountains and marked your cards
            Em          Am⁷      G     D
But Eden is burning, either brace yourself  for elimination
            Em                          C     D     G
Or else your hearts must have the courage for the changing of the guards
```

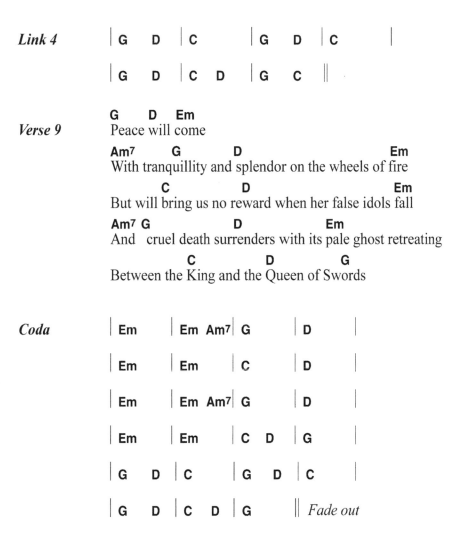

Link 4

| G   D | C | G   D | C | |

| G   D | C   D | G   C | |

Verse 9

| G   D   Em
Peace will come
| Am⁷   G   D   Em
With tranquillity and splendor on the wheels of fire
| C   D   Em
But will bring us no reward when her false idols fall
| Am⁷ G   D   Em
And   cruel death surrenders with its pale ghost retreating
| C   D   G
Between the King and the Queen of Swords

Coda

| Em | Em Am⁷| G | D |

| Em | Em | C | D |

| Em | Em Am⁷| G | D |

| Em | Em | C   D | G |

| G   D | C | G   D | C |

| G   D | C   D | G | *Fade out*

Country Pie

Words & Music by Bob Dylan

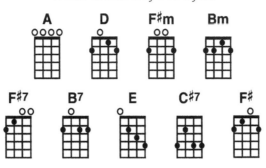

A tuning (aEAC#E)

Intro

‖: A | D | F#m | Bm |

| A | F#7 | B7 E | A :‖

Verse 1

  A   D
     Just like old Saxophone Joe

F#m   Bm
When he's got the hogshead up on his toe

A   F#7
   Oh me, oh my

B7   E   A
Love that country pie

Verse 2

  A   D
 Listen to the fiddler play

F#m   Bm
    When he's playin' 'til the break of day

A   F#7
   Oh me, oh my

B7   E   A
Love that country pie

Bridge 1

C#7
Raspberry, strawberry, lemon and lime

F#
   What do I care?

Bm
    Blueberry, apple, cherry, pumpkin and plum

E   N.C.
Call me for dinner, honey, I'll be there

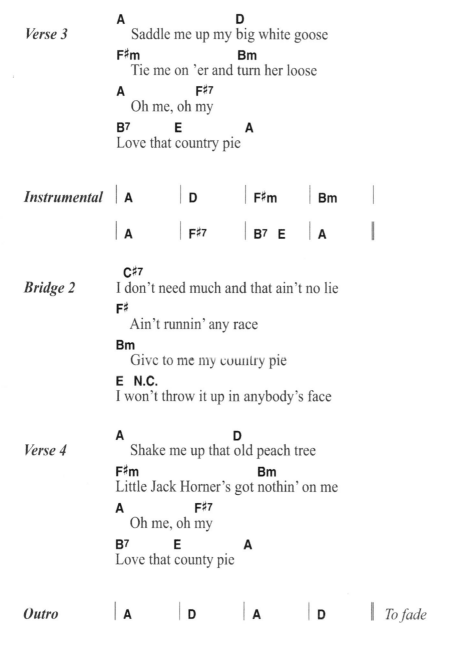

Verse 3

```
      A               D
         Saddle me up my big white goose
      F♯m                 Bm
         Tie me on 'er and turn her loose
      A            F♯7
         Oh me, oh my
      B7       E          A
      Love that country pie
```

Instrumental

| A | D | F♯m | Bm | |
| A | F♯7 | B7 E | A | ‖ |

Bridge 2

```
      C♯7
      I don't need much and that ain't no lie
      F♯
         Ain't runnin' any race
      Bm
         Give to me my country pie
      E  N.C.
      I won't throw it up in anybody's face
```

Verse 4

```
      A               D
         Shake me up that old peach tree
      F♯m                 Bm
      Little Jack Horner's got nothin' on me
      A            F♯7
         Oh me, oh my
      B7       E          A
      Love that county pie
```

Outro

| A | D | A | D | ‖ *To fade* |

Drifter's Escape

Words & Music by Bob Dylan

A tuning (aEAC♯E)

Intro
| A D | A D | A D | A D |

| A | A | A D | A |

| A | A | A D | A D | A |

Verse 1

  A
"Oh, help me in my weakness"
     D **A** **D A**
I heard the drifter say

As they carried him from the courtroom
     D **A** **D A**
And were taking him a - way

"My trip hasn't been a pleasant one
     D **A** **D A**
And my time it isn't long

And I still do not know
     D   **A**
What it was that I've done wrong"

Link 1
| A | A | A D | A |

Verse 2   **A**
Well, the judge, he cast his robe aside
            D   **A**   **D** **A**
A tear came to his eye

"You fail to understand," he said
            D   **A**   **D** **A**
"Why must you even try?"

Outside, the crowd was stirring
             D   **A**   **D** **A**
You could hear it from the door

Inside, the judge was stepping down
            D   **A**
While the jury cried for more

Link 2 | **A** | **A** | **A** **D** | **A**   ‖

Verse 3   **A**
"Oh, stop that cursed jury"
             D   **A**   **D** **A**
Cried the attendant and the nurse

"The trial was bad enough
           D   **A**   **D** **A**
But this is ten times worse"

Just then a bolt of lightning
            D   **A**   **D** **A**
Struck the courthouse out of shape

And while ev'rybody knelt to pray
           D   **A**
The drifter did es - cape

Outro   ‖: **A** | **A** | **A** **D** | **A**   :‖ *Repeat and fade*

Forever Young

Words & Music by Bob Dylan

| D | F#m | Em7 | G | A7sus4 | A7 | A | Bm |

A tuning (aEAC#E)

Intro | D | D | D | D ||

Verse 1

       D
May God bless and keep you always
      F#m
May your wishes all come true
      Em7
May you always do for others
     G   **D**
And let others do for you
      D
May you   build a ladder to the stars
       F#m
And climb on every rung
     Em7 **A7sus4** **A7**   **D**
May you stay   forever young

Chorus 1

       A   **Bm**
Forever young, forever young
       D   **A**   **D**
May you   stay__ forever young

Verse 2

      D
May you grow up to be righteous
      F#m
May you grow up to be true
     Em7
May you always know the truth
     G   **D**
And see the lights surrounding you

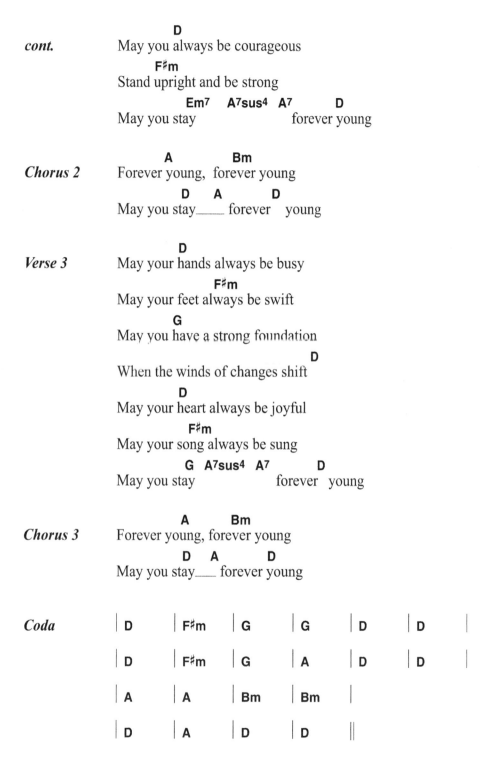

cont.
      D
May you always be courageous
   F♯m
Stand upright and be strong
      Em⁷   A⁷sus⁴ A⁷   D
May you stay   forever young

Chorus 2
      A   **Bm**
Forever young, forever young
      D   **A**   **D**
May you stay____ forever   young

Verse 3
      D
May your hands always be busy
      F♯m
May your feet always be swift
   G
May you have a strong foundation
           D
When the winds of changes shift
   D
May your heart always be joyful
     F♯m
May your song always be sung
    G A⁷sus⁴ A⁷   D
May you stay   forever young

Chorus 3
      A   **Bm**
Forever young, forever young
      D   **A**   **D**
May you stay____ forever young

Coda

D	**F♯m**	**G**	**G**	**D**	**D**	
D	**F♯m**	**G**	**A**	**D**	**D**	
A	**A**	**Bm**	**Bm**	
D	**A**	**D**	**D**	‖

Hurricane

Words & Music by Bob Dylan & Jacques Levy

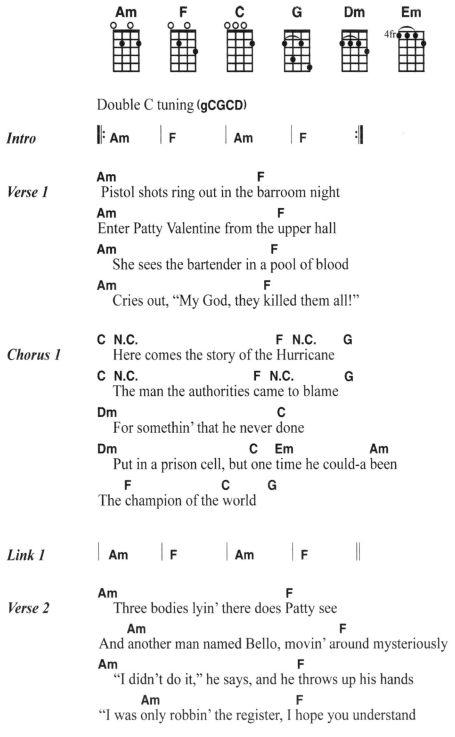

Double C tuning (**gCGCD**)

Intro

‖: Am | F | Am | F :‖

Verse 1

Am   F
 Pistol shots ring out in the barroom night
Am   F
Enter Patty Valentine from the upper hall
Am   F
 She sees the bartender in a pool of blood
Am   F
 Cries out, "My God, they killed them all!"

Chorus 1

C N.C.   F N.C. G
 Here comes the story of the Hurricane
C N.C.   F N.C. G
 The man the authorities came to blame
Dm   C
 For somethin' that he never done
Dm   C Em   Am
 Put in a prison cell, but one time he could-a been
    F   C   G
The champion of the world

Link 1

| Am | F | Am | F ‖

Verse 2

Am   F
 Three bodies lyin' there does Patty see
  Am   F
And another man named Bello, movin' around mysteriously
Am   F
 "I didn't do it," he says, and he throws up his hands
  Am   F
"I was only robbin' the register, I hope you understand

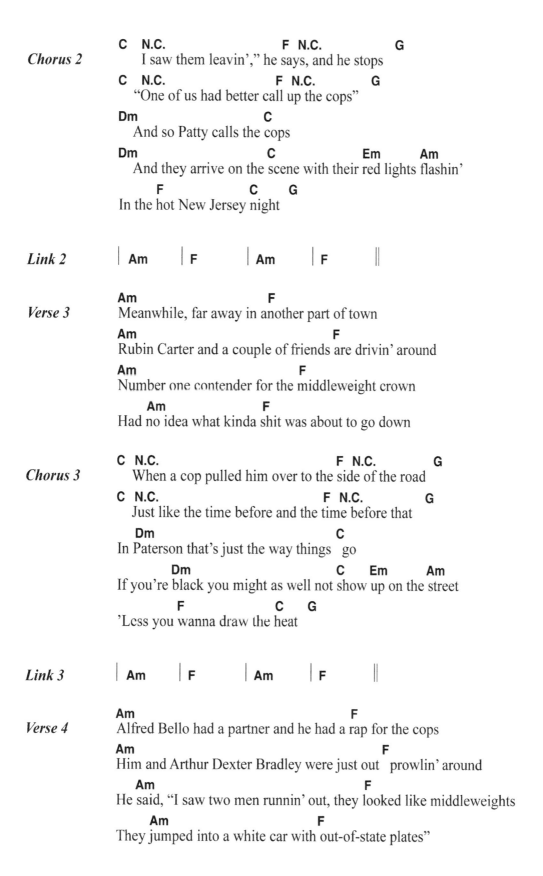

Chorus 2

```
C   N.C.                    F N.C.               G
    I saw them leavin','' he says, and he stops
C   N.C.                    F N.C.         G
    "One of us had better call up the cops"
Dm                    C
    And so Patty calls the cops
Dm                        C            Em      Am
    And they arrive on the scene with their red lights flashin'
        F            C   G
In the hot New Jersey night
```

Link 2

```
| Am      | F       | Am      | F       ||
```

Verse 3

```
Am                    F
Meanwhile, far away in another part of town
Am                              F
Rubin Carter and a couple of friends are drivin' around
Am                          F
Number one contender for the middleweight crown
        Am          F
Had no idea what kinda shit was about to go down
```

Chorus 3

```
C   N.C.                          F N.C.       G
    When a cop pulled him over to the side of the road
C   N.C.                          F N.C.      G
    Just like the time before and the time before that
    Dm                        C
In Paterson that's just the way things   go
            Dm                    C      Em      Am
If you're black you might as well not show up on the street
            F            C   G
'Less you wanna draw the heat
```

Link 3

```
| Am      | F       | Am      | F       ||
```

Verse 4

```
Am                                  F
Alfred Bello had a partner and he had a rap for the cops
Am                                      F
Him and Arthur Dexter Bradley were just out   prowlin' around
        Am                          F
He said, "I saw two men runnin' out, they looked like middleweights
        Am                      F
They jumped into a white car with out-of-state plates"
```

Chorus 4

```
C  N.C.                        F  N.C.                 G
   And Miss Patty Valentine just nodded her head
C        N.C.                  F  N.C.                 G
Cop said, "Wait a minute, boys, this one's not dead"
         Dm                    C
So they took him to the infirmary
Dm                                 C
   And though this man could hardly see
      Em                Am    F         C      G
They told him he could identify the guilty men
```

Link 4

```
| Am      | F      | Am      | F          ||
```

Verse 5

```
Am                          F
   Four in the mornin' and they haul Rubin in
Am                          F
Take him to the hospital and they bring him upstairs
      Am                            F
The wounded man looks up through his one dyin' eye
      Am                          F
Says, "Wha'd you bring him in here for? He ain't the guy!"
```

Chorus 5

```
C  N.C.                    F  N.C.     G
   Yes, here's the story of the   Hurricane
C  N.C.                    F  N.C.     G
   The man the authorities came to blame
Dm                         C
   For somethin' that he never done
Dm                         C   Em          Am
   Put in a prison cell, but one time he could-a been
      F               C    G
The champion of the world
```

Link 5

```
| Am      | F      | Am      | F          ||
```

Verse 6

```
Am                       F
   Four months later, the ghettos are in flame
Am                       F
Rubin's in South America, fightin' for his name
      Am                            F
While Arthur Dexter Bradley's still in the robbery game
      Am                                            F
And the cops are puttin' the screws to him, lookin' for somebody to blame
```

Chorus 6

```
C  N.C.                          F  N.C.              G
   "Remember that murder that happened in a bar?"
C  N.C.                          F  N.C.         G
"Remember you said you saw the getaway car?"
      Dm                              C
"You think you'd like to play ball with the law?"
Dm                                    C     Em      Am
"Think it might-a been that fighter that you saw runnin' that night?"
         F              C      G
"Don't forget that you are white"
```

Link 6

```
| Am      | F      | Am      | F          ‖
```

Verse 7

```
Am                           F
Arthur Dexter Bradley said, "I'm really not sure"
Am                              F
Cops said, "A poor boy like you could use a break
     Am                          F
We got you for the motel job and we're talkin' to your friend Bello
       Am                         F
Now you don't wanta have to go back to jail, be a nice fellow
```

Chorus 7

```
C  N.C.              F  N.C.        G
   You'll be doing society a favor
C  N.C.              F  N.C.               G
   That sonofabitch is brave and gettin' braver
Dm                     C
   We want to put his ass in stir
Dm                     C    Em    Am
   We want to pin this triple murder on him
   F               C      G
He ain't no Gentleman Jim"
```

Link 7

```
| Am      | F      | Am      | F          ‖
```

Verse 8

```
Am                           F
Rubin could take a man out with just one punch
       Am                         F
But he never did like to talk about it all that much
       Am                 F
It's my work, he'd say, and I do it for pay
Am                              F
   And when it's over I'd just as soon go on my way
```

Chorus 8

```
C  N.C.          F  N.C.   G
   Up to some paradise
C  N.C.                               F  N.C.   G
   Where the trout streams flow and the air is nice
Dm                          C
   And ride a horse along a trail
Dm                            C  Em
   But then they took him to the jailhouse
             Am          F         C        G
   Where they try to turn a man into a mouse
```

Link 8

```
| Am    | F     | Am    | F       ||
```

Verse 9

```
Am                          F
All of Rubin's cards were marked in advance
      Am                      F
The trial was a pig-circus, he never had a chance
      Am                          F
The judge made Rubin's witnesses drunkards from the slums
         Am                        F
To the white folks who watched he was a revolutionary bum
```

Chorus 9

```
C  N.C.                          F  N.C.      G
   And to the black folks he was just a crazy nigger
C  N.C.                 F  N.C.          G
   No one doubted that he pulled the trigger
Dm                               C
   And though they could not produce the gun
Dm                        C  Em       Am
   The D.A. said he was the one who did the deed
         F            C    G
And the all-white jury agreed
```

Link 9

```
| Am    | F     | Am    | F       ||
```

Verse 10

```
Am                    F
   Rubin Carter was falsely tried
      Am                      F
The crime was murder "one", guess who testified?
Am                          F
   Bello and Bradley and they both baldly lied
         Am                          F
And the newspapers, they all went along for the ride
```

Chorus 10

C N.C.   F N.C.   G
How can the life of such a man

C N.C.   F N.C.   G
Be in the palm of some fool's hand?

Dm   C
To see him obviously framed

Dm   C   Em   Am
Couldn't help but make me feel ashamed to live in a land

       F   C   G
Where justice is a game

Link 10 | Am | F | Am | F ||

Verse 11

       Am   F
Now all the criminals in their coats and their ties

      Am   F
Are free to drink martinis and watch the sun rise

       Am   F
While Rubin sits like Buddha in a ten-foot cell

      Am   F
An innocent man in a living hell

Chorus 11

C N.C.   F N.C.   G
That's the story of the Hurricane

C N.C.   F N.C.   G
But it won't be over till they clear his name

Dm   C
And give him back the time he's   done

Dm   C   Em   Am
Put in a prison cell, but one time he could-a been

       F   C   G
The champion of the world

Coda

| Am | F | Am | F |

| Am | F | Am | F |

| C | F | C | F |

| Dm | C | Dm | C   Em |

| Am   F | C | G ||

||: Am | F | Am | F   :|| *Repeat to fade*

I Shall Be Released

Words & Music by Bob Dylan

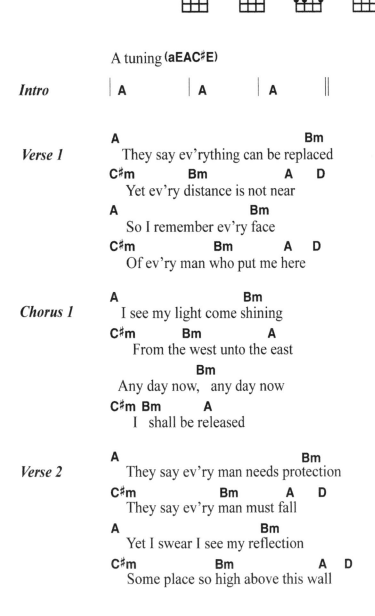

A tuning (aEAC♯E)

Intro | A | A | A   ‖

Verse 1

A   Bm
    They say ev'rything can be replaced
C♯m   Bm   A D
    Yet ev'ry distance is not near
A   Bm
    So I remember ev'ry face
C♯m   Bm   A D
    Of ev'ry man who put me here

Chorus 1

A   Bm
    I see my light come shining
C♯m   Bm   A
    From the west unto the east
                Bm
Any day now,   any day now
C♯m Bm   A
    I   shall be released

Verse 2

A   Bm
    They say ev'ry man needs protection
C♯m   Bm   A D
    They say ev'ry man must fall
A   Bm
    Yet I swear I see my reflection
C♯m   Bm   A D
    Some place so high above this wall

Chorus 2

    A   Bm
    I see my light come shining
C♯m   Bm   A
    From the west unto the east
               Bm
Any day now, any day now
C♯m Bm   A
    I shall be released

Verse 3

    A   Bm
    Standing next to me in this lonely crowd
C♯m   Bm   A   D
    Is a man who swears he's not to blame
    A   Bm
    All day long I hear him shout so loud
C♯m   Bm   A   D
    Crying out that he was framed

Chorus 3

    A   Bm
    I see my light come shining
C♯m   Bm   A
    From the west unto the east
               Bm
Any day now, any day now
C♯m Bm   A
    I shall be released

Outro | A | Bm | C♯m Bm | A D   A |

                 | A | Bm | C♯m Bm | A ||

I Threw It All Away

Words & Music by Bob Dylan

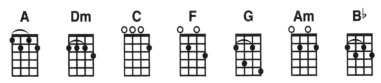

Double C tuning (**gCGCD**)

Intro

| A Dm | C F | C G | C ||

Verse 1

C   Am F   C
I once held her   in my arms
C   Am   F   G
She said she would always   stay
A   Dm
But I was cruel
 C   F   C
I treated her like a fool
F   C   F
I threw it all a - way

Verse 2

C   Am   F   C
Once I had mountains in the palm of my hand
C   Am   F   G
And rivers that ran through ev'ry day
A   Dm
I must have been mad
      C   F   C
I never knew what I had
     F   C F
Until I threw it all a - way

Bridge

| F | G | C | | Am |
| Love is all there is, it makes the world go 'round |

F   G   A
Love and only love, it can't be den - ied

F   G
    No matter what you think about it

C   Am
    You just won't be able to do without it

B♭   F   G
    Take a tip from one who's tried

Verse 3

C   Am   F   C
    So if you find someone that gives you all of her love

          Am   F   G
Take it to your heart, don't let it stray

  A   Dm
For one thing that's certain

        C   F
You will surely be a-hurtin'

C   F   C   F
    If you throw it all a - way

C   G   C
    If you throw it all a - way

Outro | A Dm | C   F | C   G | C   ‖

I'll Be Your Baby Tonight

Words & Music by Bob Dylan

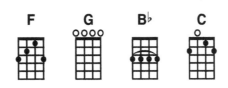

G tuning (**gDGBD**)

Intro
| F | F | G | G | |
| Bb | C | F | F | ‖

Verse 1
        F
Close your eyes,

Close the door

You don't have
   G
To worry anymore
Bb   **C**   **F**   **C**
   I'll be your__ baby tonight

Verse 2
       F
Shut the light,

Shut the shade
    G
You don't have

To be afraid
Bb   **C**   **F**
   I'll be your__ baby tonight

Bridge
       Bb
Well, that mockingbird's

Gonna sail away
F
   We're gonna forget it

cont.

    G
That big, fat moon

Is gonna shine like a spoon

    C **N.C.**
But   we're gonna let it

You won't regret it

      F
Verse 3   Kick your shoes off,

Do not fear

    G
Bring that bottle

Over here

B♭   **C**   **F**
I'll be your___ baby tonight

Outro | **F** | **F** | **G** | **G** |

               | **B**♭ | **C** | **F** | **F**   ‖

                                  To fade

If Not For You

Words & Music by Bob Dylan

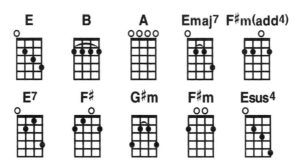

A tuning (aEAC#E)

Intro

| E B | A B | E B | A B | E B | A |

| Emaj7 | F#m(add4) | Emaj7 | F#m(add4) | E B | A B | E B | B ‖

Verse 1

    A   E   B
If not for you

    A   E   B
Babe, I couldn't find the door

    A   E
Couldn't even see the floor

    A   Emaj7
I'd be sad and blue

F#m(add4)
If not for you

Link 1

| E B | A B | E B ‖

Verse 2

```
     A          E      B
     If not for you
     A                E            B
     Babe, I'd lay awake all night
     A          E
     Wait for the mornin' light
     A          Emaj7
     To shine in through
     F♯m(add4)            Emaj7
     But it would not be new
     F♯m(add4)
     If not for you
```

Link 2

```
     │ E      B │ A      B │ E      B │ A          ‖
```

Bridge 1

```
     A
     If not for you
     E
     My sky would fall
     B                 E     E7
     Rain would gather too
     A                      E
     Without your love I'd be nowhere at all
     F♯              B
     I'd be lost if not for you
                 A      G♯m    F♯m
     And you know it's true
```

Link 3

```
     │ B      A │ G♯m   F♯m │ B      A │ G♯m   F♯m │

     │ B      A │ G♯m   F♯m │ E    Esus4 │ E          ‖
```

Bridge 2

```
     A
     If not for you
     E
     My sky would fall
     B                 E     E7
     Rain would gather too
     A                      E
     Without your love I'd be nowhere at all
     F♯              B
     Oh! What would I do
     A          G♯m    F♯m
     If not for you
```

Link 4　　　　| B　　A　| G♯m　F♯m　| B　　　A　| G♯m　F♯m　|

　　　　　　　　| B　　A　| G♯m　F♯m　| E　Esus4 | E　　　　　||

　　　　　　　　　　　　　　　E　　B
Verse 3　　　　If not for you
　　　　　　　　A　　　　　　E　　　　　　　　B
　　　　　　　　　Winter would have no spring
　　　　　　　　A　　　　　　　　E
　　　　　　　　　Couldn't hear the robin sing
　　　　　　　　A　　　　　　　　　　Emaj7
　　　　　　　　　I just wouldn't have a clue
　　　　　　　　F♯m(add4)　　　　　　　Emaj7
　　　　　　　　　Anyway it wouldn't ring true
　　　　　　　　F♯m(add4)　　　E　B
　　　　　　　　　If not for you

It's Alright, Ma
(I'm Only Bleeding)

Words & Music by Bob Dylan

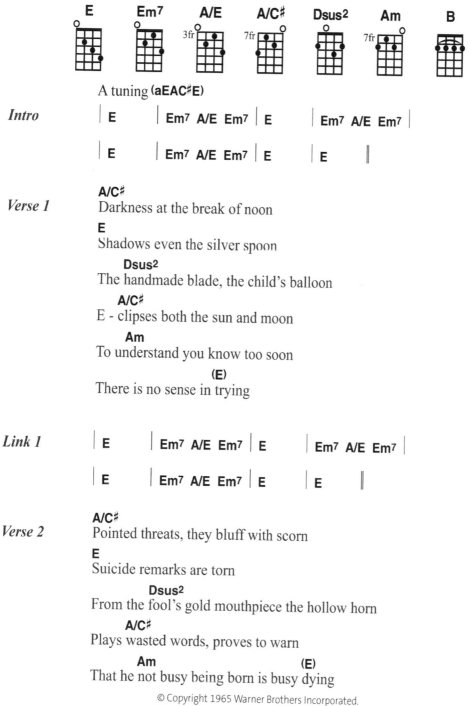

A tuning (aEAC#E)

Intro

| E | Em7 A/E Em7 | E | Em7 A/E Em7 |

| E | Em7 A/E Em7 | E | E |

Verse 1

A/C#
Darkness at the break of noon

E
Shadows even the silver spoon

Dsus2
The handmade blade, the child's balloon

A/C#
E - clipses both the sun and moon

Am
To understand you know too soon

(E)
There is no sense in trying

Link 1

| E | Em7 A/E Em7 | E | Em7 A/E Em7 |

| E | Em7 A/E Em7 | E | E |

Verse 2

A/C#
Pointed threats, they bluff with scorn

E
Suicide remarks are torn

Dsus2
From the fool's gold mouthpiece the hollow horn

A/C#
Plays wasted words, proves to warn

Am   (E)
That he not busy being born is busy dying

Link 2   As Link 1

              A/C#
Verse 3   Temp - tation's page flies out the door

           E
You follow, find yourself at war

             Dsus2
Watch waterfalls of pity roar

           A/C#
You feel to moan but unlike before

              Am
You dis - cover that you'd just be one more

              (E)
Person crying

Link 3 | **E** | **Em7 A/E Em7** | **E** | **Em7 A/E Em7** | **E** | **E**   ‖

          E   **B**
Chorus 1 So don't fear if you hear

          E   **A/C#**
   A foreign sound to your ear

E B A B   E
It's al - right, Ma, I'm only sighing

Link 4   As Link 1

              A/C#
Verse 4   As some warn victory, some downfall

           E
Private reasons great or small

             Dsus2
Can be seen in the eyes of those that call

              A/C#
To make all that should be killed to crawl

              Am
While others say don't hate nothing at all

              (E)
Except hatred

Link 5   As Link 1

                  A/C#
Verse 5   Disil - lusioned words like bullets bark

              E
As human gods aim for their mark

                Dsus2
Make everything from toy guns that spark

                  A/C#
To flesh-colored Christs that glow in the dark

Am
   It's easy to see without looking too far

                        (E)
That not much is really sacred

Link 6   As Link 3

                  A/C#
Verse 6   While preachers preach of evil fates

E
Teachers teach that knowledge waits

                Dsus2
Can lead to hundred-dollar plates

A/C#
Goodness hides behind its gates

        Am
But even the president of the United States

                      (E)
Sometimes must have to stand naked

Link 7   As Link 1

            E   **B**
Chorus 2 An' though the rules of the road have been lodged

                      E   **A/C#**
It's only people's games that you got to dodge

        E **B**   **A**   **B**   **E**
And it's al - right, Ma, I can make it

Link 8   As Link 3

Verse 7

A/C♯
Advertising signs they con

E
You into thinking you're the one

    Dsus2
That can do what's never been done

    A/C♯
That can win what's never been won

Am
Meantime life outside goes on

    (E)
All a - round you

Link 9   As Link 3

Verse 8

A/C♯
You lose yourself, you reappear

   E
You suddenly find you got nothing to fear

  Dsus2
A - lone you stand with nobody near

    A/C♯
When a trembling distant voice, unclear

Am
Startles your sleeping ears to hear

    (E)
That somebody thinks they really found you

Link 10   As Link 1

Verse 9

 A/C♯
A question in your nerves is lit

   E
Yet you know there is no answer fit

  Dsus2
To satisfy, insure you not to quit

   A/C♯
To keep it in your mind and not forget

   Am
That it is not he or she or them or it

   (E)
That you be - long to

Link 11   As Link 1

Chorus 3

```
E                            B
Although the masters make the rules
      E                A/C#
For the wise men and the fools
E B   A       B         E
I  got  nothing, Ma, to live up to
```

Link 12   As Link 1

Verse 10

```
        A/C#
For them that must obey authority
        E
That they do not respect in any degree
        Dsus2
Who des - pise their jobs, their destinies
A/C#
Speak jealously of them that are free
Am
   Cultivate their flowers to be
                                   (E)
Nothing more than something they in - vest in
```

Link 13   As Link 1

Verse 11

```
        A/C#
While some on principles baptized
E
To strict party platform ties
Dsus2
Social clubs in drag disguise
A/C#
Outsiders they can freely criticize
      Am
Tell nothing except who to idolize
            (E)
And then say God bless him
```

Link 14	As Link 1

        A/C♯

Verse 12   While one who sings with his tongue on fire

E
Gargles in the rat race choir

Dsus2
Bent out of shape from society's pliers

A/C♯
  Cares not to come up any higher

  Am
But rather get you down in the hole

   (E)
That he's in

Link 15	As Link 1

     E   **B**

Chorus 4   But I mean no harm, nor put fault

   E   **A/C♯**
On anyone that lives in a vault

  E **B** **A** **B**   **E**
But it's al - right, Ma, if I can't please him

Link 16	As Link 3

        A/C♯

Verse 13   Old lady judges watch people in pairs

E
Limited in sex, they dare

      Dsus2
To push fake morals, insult and stare

    A/C♯
While money doesn't talk, it swears

    Am
Ob - scenity, who really cares

         (E)
Propaganda, all is phony

Link 17   As Link 1

A/C♯

Verse 14   While them that defend what they cannot see

      E

With a killer's pride, security

Dsus2

It blows the minds most bitterly

    A/C♯

For them that think death's honesty

     Am

Won't fall upon them naturally

         (E)

Life sometimes must get lonely

Link 18   As Link 3

    E

Verse 15   My eyes collide head-on with stuffed

A/C♯

Graveyards, false gods, I scuff

    E

At pettiness which plays so rough

     Dsus2

Walk up - side-down inside handcuffs

A/C♯

Kick my legs to crash it off

     Am   **(E)**

Say o - kay, I have had enough, what else can you show me?

Link 19   As Link 3

   E   **B**

Chorus 5   And if my thought-dreams could be seen

                E   **A/C♯**

They'd probably put my head in a guillotine

       E **B** **A**   **B**   **E**

But it's al - right, Ma, it's life, and life only

It's All Over Now, Baby Blue

Words & Music by Bob Dylan

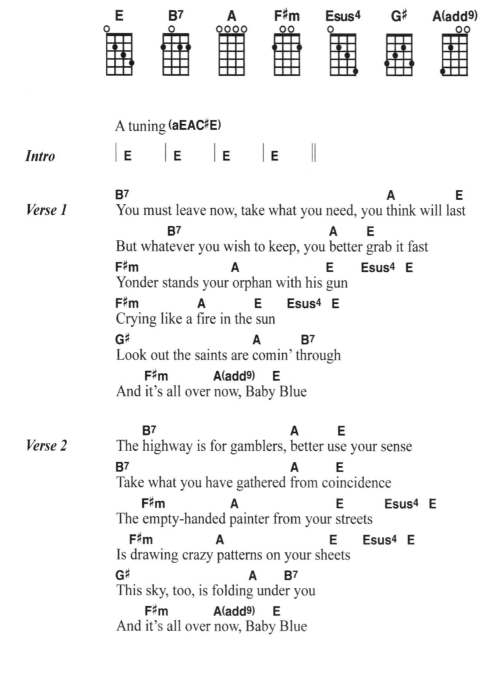

A tuning (aEAC#E)

Intro

| E | E | E | E ||

Verse 1

B7   A   E
You must leave now, take what you need, you think will last
   B7   A E
But whatever you wish to keep, you better grab it fast
F#m   A   E Esus4 E
Yonder stands your orphan with his gun
F#m   A   E Esus4 E
Crying like a fire in the sun
G#   A B7
Look out the saints are comin' through
  F#m A(add9) E
And it's all over now, Baby Blue

Verse 2

    B7   A E
The highway is for gamblers, better use your sense
B7   A E
Take what you have gathered from coincidence
  F#m   A   E Esus4 E
The empty-handed painter from your streets
  F#m   A   E Esus4 E
Is drawing crazy patterns on your sheets
G#   A B7
This sky, too, is folding under you
  F#m A(add9) E
And it's all over now, Baby Blue

Verse 3

  B⁷   A E
All your seasick sailors, they are rowing home

   B⁷   A E
All your reindeer armies, are all going home

  F♯m   A   E Esus⁴ E
The lover who just walked out your door

   F♯m   A   E Esus⁴ E
Has taken all his blankets from the floor

   G♯   A   B⁷
The carpet, too, is moving under you

    F♯m A(add⁹) E
And it's all over now, Baby Blue

Link | B⁷ A | E | B⁷ A | E |

      | F♯m A | E Esus⁴ E | F♯m A | E |

      | G♯   A | B⁷ | F♯m A(add⁹)| E   ‖

Verse 4   B⁷   A   E
Leave your stepping stones behind, something calls for you

   B⁷   A   E
Forget the dead you've left, they will not follow you

   F♯m   A   E Esus⁴ E
The vagabond who's rapping at your door

   F♯m   A   E Esus⁴ E
Is standing in the clothes that you once wore

G♯   A   B⁷
Strike another match, go start anew

   F♯m   A(add⁹) E Esus⁴ E
And it's all over now, Baby Blue

Coda | B⁷ | E ‖

Knockin' On Heaven's Door

Words & Music by Bob Dylan

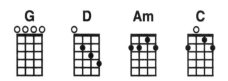

G tuning (**gDGBD**)

Intro
‖: G   D | Am | G   D | C   :‖

Verse 1

      G   D   Am
Mama, take this badge off of me

      G   D   C
I can't use it anymore

      G   D   Am
It's gettin' dark, too dark for me to see

      G   D   C
I feel like I'm knockin' on heaven's door

Chorus 1

      G   D   Am
Knock, knock, knockin' on heaven's door

      G   D   C
Knock, knock, knockin' on heaven's door

      G   D   Am
Knock, knock, knockin' on heaven's door

      G   D   C
Knock, knock, knockin' on heaven's door

Verse 2

G	D	Am

Mama, put my guns in the ground

G	D	C

I can't shoot them anymore

G	D	Am

That long black cloud is comin' down

G	D	C

I feel like I'm knockin' on heaven's door

Chorus 2

G	D	Am

Knock, knock, knockin' on heaven's door

G	D	C

Knock, knock, knockin' on heaven's door

G	D	Am

Knock, knock, knockin' on heaven's door

G	D	C

Knock, knock, knockin' on heaven's door

Coda | G D | Am | G D | C ‖

Fade out

Lay, Lady, Lay

Words & Music by Bob Dylan

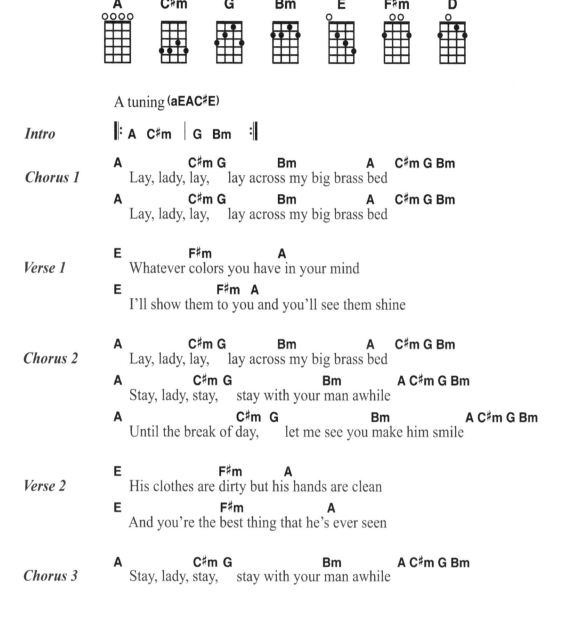

A tuning (aEAC#E)

Intro
‖: A C#m | G Bm :‖

Chorus 1
A   C#m G Bm   A C#m G Bm
Lay, lady, lay, lay across my big brass bed
A   C#m G Bm   A C#m G Bm
Lay, lady, lay, lay across my big brass bed

Verse 1
E   F#m   A
Whatever colors you have in your mind
E   F#m A
I'll show them to you and you'll see them shine

Chorus 2
A   C#m G Bm   A C#m G Bm
Lay, lady, lay, lay across my big brass bed
A   C#m G   Bm   A C#m G Bm
Stay, lady, stay, stay with your man awhile
A   C#m G   Bm   A C#m G Bm
Until the break of day, let me see you make him smile

Verse 2
E   F#m   A
His clothes are dirty but his hands are clean
E   F#m   A
And you're the best thing that he's ever seen

Chorus 3
A   C#m G   Bm   A C#m G Bm
Stay, lady, stay, stay with your man awhile

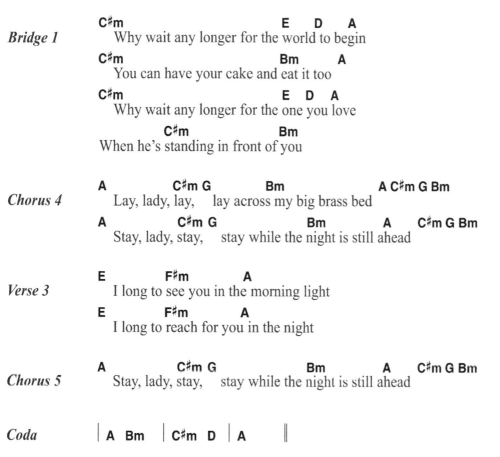

Bridge 1

C#m   E D A
Why wait any longer for the world to begin

C#m   Bm A
You can have your cake and eat it too

C#m   E D A
Why wait any longer for the one you love

       C#m   Bm
When he's standing in front of you

Chorus 4

A   C#m G Bm   A C#m G Bm
Lay, lady, lay, lay across my big brass bed

A   C#m G   Bm   A C#m G Bm
Stay, lady, stay, stay while the night is still ahead

Verse 3

E   F#m   A
I long to see you in the morning light

E   F#m A
I long to reach for you in the night

Chorus 5

A   C#m G   Bm   A C#m G Bm
Stay, lady, stay, stay while the night is still ahead

Coda | A Bm | C#m D | A   ‖

Like A Rolling Stone

Words & Music by Bob Dylan

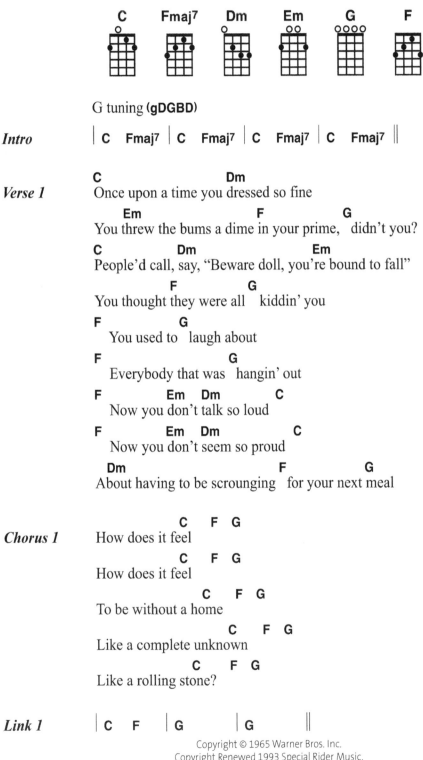

G tuning (**gDGBD**)

Intro | C Fmaj⁷ | C Fmaj⁷ | C Fmaj⁷ | C Fmaj⁷ ||

Verse 1
```
C                        Dm
Once upon a time you dressed so fine
      Em                  F          G
You threw the bums a dime in your prime,   didn't you?
C              Dm                    Em
People'd call, say, "Beware doll, you're bound to fall"
                   F           G
You thought they were all   kiddin' you
F                G
   You used to   laugh about
F                      G
   Everybody that was   hangin' out
F        Em   Dm          C
   Now you don't talk so loud
F        Em   Dm          C
   Now you don't seem so proud
Dm                        F            G
About having to be scrounging   for your next meal
```

Chorus 1
```
              C  F  G
How does it feel
              C  F  G
How does it feel
                 C  F  G
To be without a home
                  C  F  G
Like a complete unknown
                 C  F  G
Like a rolling stone?
```

Link 1 | C   F | G | G ||

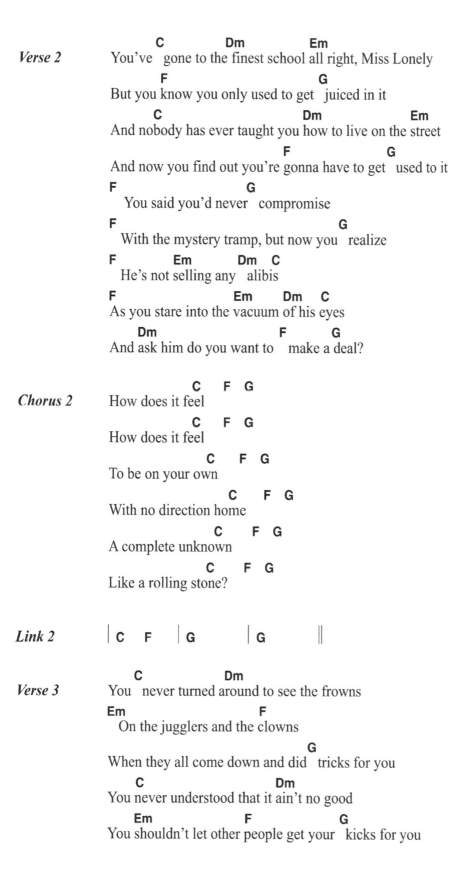

Verse 2
```
        C           Dm          Em
You've  gone to the finest school all right, Miss Lonely
          F                   G
But you know you only used to get  juiced in it
          C                   Dm          Em
And nobody has ever taught you how to live on the street
                        F           G
And now you find out you're gonna have to get  used to it
F                 G
  You said you'd never   compromise
F                           G
  With the mystery tramp, but now you   realize
F       Em        Dm  C
  He's not selling any  alibis
F                 Em      Dm  C
As you stare into the vacuum of his eyes
    Dm                F     G
And ask him do you want to    make a deal?
```

Chorus 2
```
              C   F  G
How does it feel
              C   F  G
How does it feel
                C    F  G
To be on your own
                  C    F  G
With no direction home
              C     F  G
A complete unknown
              C     F  G
Like a rolling stone?
```

Link 2 | C F | G | G ||

Verse 3
```
      C           Dm
You   never turned around to see the frowns
Em                    F
  On the jugglers and the clowns
                        G
When they all come down and did   tricks for you
    C                   Dm
You never understood that it ain't no good
      Em              F           G
You shouldn't let other people get your  kicks for you
```

cont.
     F   G

```
F                                                    G
You used to ride on the chrome horse with your  diplomat
F                                        G
Who carried on his shoulder a  Siamese cat
F              Em             Dm       C
Ain't it hard   when you discover that
F           Em     Dm        C
He really wasn't where it's at
Dm                                    F          G
After he took from you everything   he could steal
```

Chorus 3
```
                      C      F   G
How does it feel
                      C      F   G
How does it feel
                        C      F   G
To be on your own
                            C      F   G
With no direction home
                          C      F   G
Like a complete unknown
                      C      F   G
Like a rolling stone?
```

Link 3 | C   F | G | G ||

Verse 4
```
C                    Dm            Em
Princess on the steeple and all the  pretty people
              F                      G
They're drinkin', thinkin' that they   got it made
C                          Dm
Exchanging all kinds of   precious gifts and things
Em              F
But you'd better lift your diamond ring,
G
You'd better pawn it babe
F           G
You used to be   so amused
F                    G
At Napoleon in rags   and the language that he used
```

           F   **Em**   **Dm**   **C**

cont.   Go to him now, he calls you, you can't refuse

           F   **Em**   **Dm**   **C**

       When you got nothing, you got nothing to lose

           Dm   **F**   **G**

       You're invisible now, you got no secrets   to conceal

                        C   **F** **G**

Chorus 4   How does it feel

                        C   **F** **G**

       How does it feel

                          C   **F** **G**

       To be on your own

                              C   **F** **G**

       With no direction home

                                C   **F** **G**

       Like a complete unknown

                          C   **F** **G**

       Like a rolling stone?

Coda   ‖: **C** **F** | **G** | **C** **F** | **G**   :‖ *Repeat to fade*

Love Minus Zero, No Limit

Words & Music by Bob Dylan

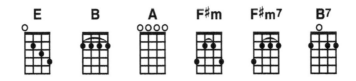

A tuning (aEAC♯E)

Intro | E | E   ‖

Verse 1

E
My love she speaks like silence
B A   E
    Without ideals or violence
B A   E
    She doesn't have to say she's faithful
      F♯m   F♯m7   B7
Yet she's true, like ice, like fire
E
People carry roses
B A   E
    Make promises by the hours
B A   E
    My love she laughs like the flowers
      F♯m A   E
Valen - tines   can't buy her

Verse 2

E
In the dime stores and bus stations
B A   E
    People talk of situ - ations
B A   E
    Read books, repeat quo - tations
      F♯m   F♯m7   B7
Draw con - clusions on the wall
E
Some speak of the future
B A   E
    My love she speaks softly

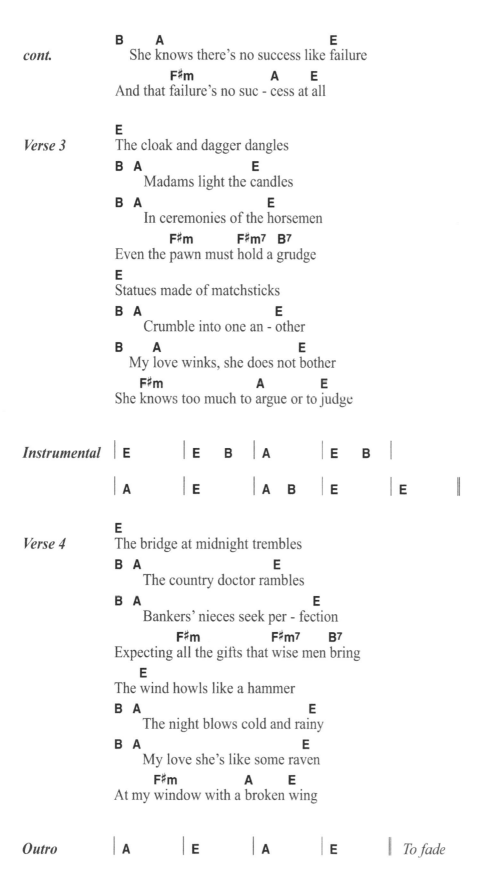

cont.

```
           B    A                        E
           She knows there's no success like failure
               F♯m              A    E
           And that failure's no suc - cess at all
```

Verse 3

```
           E
           The cloak and dagger dangles
           B  A                 E
              Madams light the candles
           B  A                        E
              In ceremonies of the horsemen
               F♯m       F♯m7  B7
           Even the pawn must hold a grudge
           E
           Statues made of matchsticks
           B  A                      E
              Crumble into one an - other
           B    A                       E
             My love winks, she does not bother
               F♯m              A     E
           She knows too much to argue or to judge
```

Instrumental

```
| E         | E    B | A      | E    B  |
| A         | E      | A  B | E      | E        ||
```

Verse 4

```
           E
           The bridge at midnight trembles
           B  A                     E
              The country doctor rambles
           B  A                          E
              Bankers' nieces seek per - fection
               F♯m           F♯m7      B7
           Expecting all the gifts that wise men bring
               E
           The wind howls like a hammer
           B  A                        E
              The night blows cold and rainy
           B  A                        E
              My love she's like some raven
               F♯m          A   E
           At my window with a broken wing
```

Outro

```
| A      | E      | A      | E      || To fade
```

55

Make You Feel My Love

Words & Music by Bob Dylan

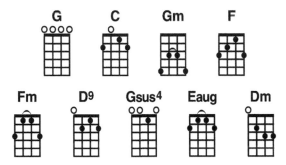

To match original recording tune banjo one semitone higher

G tuning (**gDGBD**)

Verse 1

G C   G
       When the rain is blowing in your face
Gm   F
    And the whole world is on your case
Fm   C
    I could offer you a warm embrace
D9   Gsus4   C
    To make you feel my love

Verse 2

C   G
       When the evening shadows and the stars appear
Gm   F
    And there is no one there to dry your tears
Fm   C
I could hold you for a million years
D9   Gsus4   C
    To make you feel my love

Bridge 1

F   C
    I know you haven't made your mind up yet
Eaug   F   C
    But I would never do you wrong
F   C
    I've known it from the moment that we met
Dm   G
    No doubt in my mind where you be - long

Verse 3

C   G
I'd go hungry, I'd go black and blue

Gm   F
I'd go crawling down the avenue

Fm   C
There's nothing that I wouldn't do

D^9 Gsus^4 C
To make you feel my love

Instrumental | C | G | Gm | F |

| Fm | C | D^9 Gsus^4 | C ‖

Bridge 2

Fm   C
The storms are raging on the rollin' sea

Eaug   C
And on the highway of re - gret

F   C
The winds of change are blowing wild and free

Dm   Gsus^4
You ain't seen nothing like me yet

Verse 4

C   G
I could make you happy, make your dreams come true

Gm   F
Nothing that I wouldn't do

Fm   C
Go to the ends of the earth for you

D^9 Gsus^4 C
To make you feel my love

Outro | C | G | Gm | F |

| Fm | C | D^9 Gsus^4 | C ‖ *To fade*

Million Dollar Bash

Words & Music by Bob Dylan

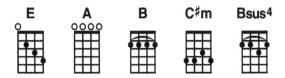

A tuning (aEAC♯E)

Intro | E | E   ‖

Verse 1

E
Well, that big dumb blonde
    A
With her wheel in the gorge
    E
And Turtle, that friend of theirs
    B
With his checks all forged
    E
And his cheeks in a chunk
    A
With his cheese in the cash
    E
They're all gonna be there
    B   E
At that million dollar bash
C♯m   A   E
Ooh, baby, ooh - ee
C♯m   A   E
Ooh, baby, ooh - ee
    Bsus4   E
It's that million dollar bash

Verse 2

E
Ev'rybody from right now

A
To over there and back

E
The louder they come

B
The harder they crack

E
Come now, sweet cream

A
Don't forget to flash

E
We're all gonna meet

B   E
At that million dollar bash

C#m   A   E
Ooh, baby, ooh - ee

C#m   A   E
Ooh, baby, ooh - ee

Bsus4   E
It's that million dollar bash

Verse 3

E
Well, I took my counselor

A
Out to the barn

E
Silly Nelly was there

B
She told him a yarn

E
Then a - long came Jones

A
Emptied the trash

E
Ev'rybody went down

B   E
To that million dollar bash

C#m   A   E
Ooh, baby, ooh - ee

C#m   A   E
Ooh, baby, ooh - ee

Bsus4   E
It's that million dollar bash

Verse 4

  E
Well, I'm hittin' it too hard

    A
My stones won't take

  E
I get up in the mornin'

    B
But it's too early to wake

    E
First it's hello, goodbye

   A
Then push and then crash

    E
But we're all gonna make it

    B   E
At that million dollar bash

C#m   A   E
Ooh, baby, ooh - ee

C#m   A   E
Ooh, baby, ooh - ee

        Bsus4   E
It's that million dollar bash

Verse 5

  E
Well, I looked at my watch

   A
I looked at my wrist

E   B
Punched myself in the face

With my fist

  E
I took my potatoes

A
Down to be mashed

   E
Then I made it over

  B   E
To that million dollar bash

C#m   A   E
Ooh, baby, ooh - ee

C#m   A   E
Ooh, baby, ooh - ee

      Bsus4   E
It's that million dollar bash   *To fade*

Mr. Tambourine Man

Words & Music by Bob Dylan

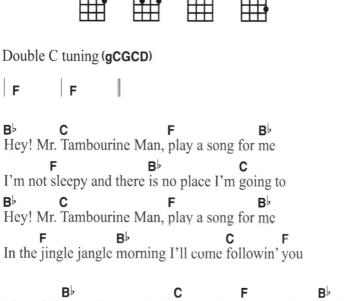

Double C tuning (**gCGCD**)

Intro

| F | F ||

Chorus 1

B♭   C   F   B♭
Hey! Mr. Tambourine Man, play a song for me
          F   B♭   C
I'm not sleepy and there is no place I'm going to
B♭   C   F   B♭
Hey! Mr. Tambourine Man, play a song for me
        F   B♭   C   F
In the jingle jangle morning I'll come followin' you

Verse 1

           B♭   C   F   B♭
Though I know that evenin's empire has returned into sand
F   B♭
Vanished from my hand
        F   B♭   Gm   C
Left me blindly here to stand but still not sleeping
     B♭   C   F   B♭
My weariness amazes me, I'm branded on my feet
     F   B♭
I have no one to meet
       F   B♭   Gm   C
And the ancient empty street's too dead for dreaming

Chorus 2   As Chorus 1

Link 1

| F | F ||

Verse 2

B♭   C   F   B♭
Take me on a trip upon your magic swirlin' ship

  F   B♭   F   B♭
My senses have been stripped, my hands can't feel to grip

  F   B♭
My toes too numb to step

     F   Gm   C
Wait only for my boot heels to be wanderin'

   B♭   C   F   B♭
I'm ready to go anywhere, I'm ready for to fade

 F   B♭   F   B♭
Into my own parade, cast your dancing spell my way

  Gm   C
I promise to go under it

Chorus 3

B♭   C   F   B♭
Hey! Mr. Tambourine Man, play a song for me

    F   B♭   C
I'm not sleepy and there is no place I'm going to

B♭   C   F   B♭
Hey! Mr. Tambourine Man, play a song for me

    F   B♭   C   F
In the jingle jangle morning I'll come followin' you

Link 2 | F | F ||

Verse 3

             B♭   C
Though you might hear laughin', spinnin',

       F   B♭
Swingin' madly across the sun

       F   B♭   F   B♭
It's not aimed at anyone, it's just escapin' on the run

       F   B♭ Gm   C
And but for the sky there are no fences facin'

   B♭   C   F   B♭
And if you hear vague traces of skippin' reels of rhyme

      F   B♭   F   B♭
To your tambourine in time, it's just a ragged clown behind

         F   B♭
I wouldn't pay it any mind

         F   Gm   C
It's just a shadow you're seein' that he's chasing

Chorus 4   As Chorus 3

Harmonica | B♭ C | F B♭ | F B♭ | F B♭ | F B♭ |
Break

| F B♭ | F Gm | C | B♭ C | F B♭ |

| F B♭ | F B♭ | F Gm | C F | F ‖

           B♭   C   F   B♭
Verse 4   Then take me disappearin' through the smoke rings of my mind
              F   B♭   F   B♭
Down the foggy ruins of time, far past the frozen leaves
        F   B♭   F   B♭
The haunted, frightened trees, out to the windy beach
        F   B♭   Gm C
Far from the twisted reach of crazy sorrow
          B♭   C   F
Yes, to dance beneath the diamond sky with one hand waving free
         F   B♭   F   B♭
Silhouetted by the sea, circled by the circus sands
         F   B♭   F   B♭
With all memory and fate driven deep beneath the waves
         F   Gm   C
Let me forget about today until tomorrow

Chorus 5   As Chorus 3

                                 To fade
Coda | B♭ C | F B♭ | F B♭ | F B♭ | F B♭ ‖

My Back Pages

Words & Music by Bob Dylan

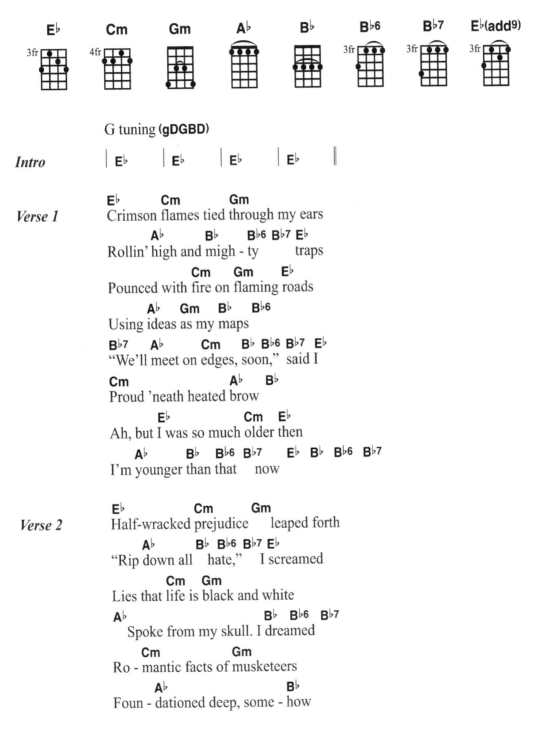

G tuning (gDGBD)

Intro

| E♭ | E♭ | E♭ | E♭ |

Verse 1

  E♭   Cm   Gm
Crimson flames tied through my ears
      A♭   B♭ B♭6 B♭7 E♭
Rollin' high and migh - ty   traps
          Cm   Gm   E♭
Pounced with fire on flaming roads
      A♭ Gm B♭   B♭6
Using ideas as my maps
B♭7 A♭   Cm   B♭ B♭6 B♭7 E♭
"We'll meet on edges, soon," said I
Cm   A♭   B♭
Proud 'neath heated brow
        E♭   Cm E♭
Ah, but I was so much older then
     A♭   B♭ B♭6 B♭7   E♭ B♭ B♭6 B♭7
I'm younger than that   now

Verse 2

  E♭   Cm   Gm
Half-wracked prejudice   leaped forth
      A♭   B♭ B♭6 B♭7 E♭
"Rip down all   hate,"   I screamed
         Cm Gm
Lies that life is black and white
A♭   B♭ B♭6 B♭7
  Spoke from my skull. I dreamed
      Cm   Gm
Ro - mantic facts of musketeers
      A♭   B♭
Foun - dationed deep, some - how

cont.

        Eb   Cm   Gm Ab
Ah, but I was so much older then
      Bb   Bb6 Bb7   Eb
I'm young - er   than that now

Verse 3

    Eb   Cm   Gm
Girls' faces formed the forward path
        Ab   Bb   Bb6 Bb7 Eb
From phony jea - lou - sy
             Cm Gm
To memo - rizing politics
       Ab   Eb(add9) Bb Bb6 Bb7
Of ancient histo - ry
       Cm   Gm
Flung down by corpse e - vangelists
      Ab   Bb Bb6 Bb7
Un - thought of, though, some - how
         Eb   Ab   Eb
Ah, but I was so much older then
       Ab   Bb Bb6 Bb7   Eb
I'm younger than   that now

Verse 4

    Eb   Cm   Gm
A self - or - dained pro - fessor's tongue
       Ab   Bb Bb6 Bb7 Eb
Too serious   to   fool
           Cm Gm
Spouted out that liberty
     Ab   Bb   Bb6 Bb7
Is just equality in school
       Cm   Gm
"E - quality," I spoke the word
      Ab   Bb Bb6 Bb7
As if a wedding vow
        Eb   Cm
Ah, but I was so much older then
       Ab   Bb Bb6 Bb7 Eb
I'm younger than   that now

Verse 5

    E♭   Cm   Gm
In a soldier's stance, I aimed my hand
       A♭   B♭ B♭6 B♭7 E♭
At the mongrel dogs   who teach
                  Cm   Gm
Fearing not that I'd become my e - nemy
      A♭   B♭   B♭6 B♭7
In the instant that I preach
    Cm   A♭   E♭
My pathway led by confusion boats
Cm   Gm   B♭ B♭6 B♭7
Mutiny from stern to bow
      E♭   Cm   A♭   E♭
Ah, but I was so much older then
    B♭   B♭6 B♭7   E♭
I'm young - er   than that now

Verse 6

    E♭   Cm   Gm
Yes, my guard stood hard when abstract threats
A♭   B♭ B♭6 B♭7 E♭
Too noble to   ne - glect
             Cm Gm
Deceived me into thinking
      A♭   B♭   B♭6 B♭7
I had something to protect
Cm   Gm
Good and bad, I de - fine these terms
A♭   B♭ B♭6 B♭7
Quite clear, no doubt, some - how
      E♭   Cm   A♭   E♭
Ah, but I was so much older then
    B♭   B♭6 B♭7   E♭
I'm young - er   than that now

Señor
(Tales Of Yankee Power)

Words & Music by Bob Dylan

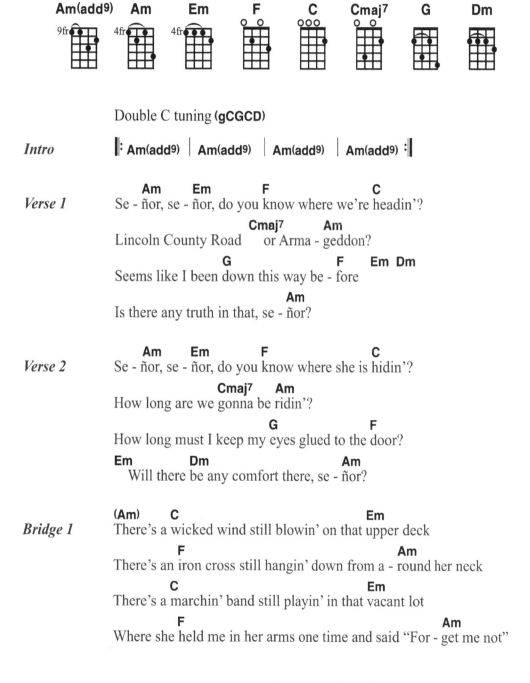

Double C tuning (**gCGCD**)

Intro ‖: Am(add9) | Am(add9) | Am(add9) | Am(add9) :‖

Verse 1
       Am   **Em**   **F**   **C**
Se - ñor, se - ñor, do you know where we're headin'?
                   Cmaj7   **Am**
Lincoln County Road   or Arma - geddon?
              G   **F** **Em Dm**
Seems like I been down this way be - fore
                    Am
Is there any truth in that, se - ñor?

Verse 2
       Am   **Em**   **F**   **C**
Se - ñor, se - ñor, do you know where she is hidin'?
            Cmaj7   **Am**
How long are we gonna be ridin'?
                    G   **F**
How long must I keep my eyes glued to the door?
Em   **Dm**   **Am**
  Will there be any comfort there, se - ñor?

Bridge 1
(Am)   **C**   **Em**
There's a wicked wind still blowin' on that upper deck
          F   **Am**
There's an iron cross still hangin' down from a - round her neck
        C   **Em**
There's a marchin' band still playin' in that vacant lot
        F   **Am**
Where she held me in her arms one time and said "For - get me not"

Verse 3

```
       Am        Em        F              C
Señor, se - ñor, I can see that painted wagon
                  Cmaj⁷ Am
I can smell the tail of the dragon
                      G          F
Can't stand the suspense any - more
   Em         Dm                    Am
   Can you tell me who to contact here, se - ñor?
```

Instrumental 1

Am	Am	Em	Em	
F	C	C Cmaj⁷	Am	
Am	G	F	F Em	
Dm	Dm	Am	Am	‖

Bridge 2

```
   (Am)     C                              Em
Well, the last thing I remember before I stripped and kneeled
                F                          Am
Was that trainload of fools bogged down in a magnetic field
   C                        Em
A gypsy with a broken flag and a flashing ring
                F                          Am
He said, "Son, this ain't a dream no more, it's the real thing"
```

Verse 4

```
       Am     Em              F              C
Se - ñor, se - ñor, you know their hearts is as hard as leather
                  Cmaj⁷        Am
Well, give me a minute, let me get it together
                  G          F
I just gotta pick myself up off the floor
   Em  Dm                     Am
   I'm ready when you are, se - ñor
```

Instrumental 2 As Instrumental 1

Verse 5

        Am   **Em**   **F**   **C**
Se - ñor, se - ñor, let's disconnect these cables

         Cmaj7   **Am**
Over - turn these tables

                  G   **F**
This place don't make sense to me no more

Em   **Dm**   **Am**
Can you tell me what we're waiting for, se - ñor?

Instrumental 3

‖: Am | Am | Em | Em |

| F | C | C Cmaj7 | Am |

| Am | G | F | F Em |

| Dm | Dm | Am | Am :‖

Outro

‖: Am(add9) | Am(add9) | Am(add9) | Am(add9) :‖

On A Night Like This

Words & Music by Bob Dylan

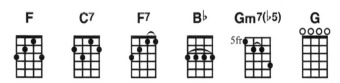

G tuning (gDGBD)

Verse 1

N.C.   F
On a night like this

     C7
So glad you came around

Hold on to me so tight

        F
And heat up some coffee grounds

     F7
We got much to talk about

    B♭   Gm7♭5
And much to reminisce

     F
It sure is right

C7   F
   On a night like this

Verse 2

N.C.   F
On a night like this

     C7
So glad you've come to stay

Hold on to me, pretty miss

        F
And say you'll never go a - way to stray

     F7
Run your fingers down my spine

    B♭   Gm7♭5
Bring me a touch of bliss

     F
It sure feels right

C7   F
   On a night like this

Verse 3

N.C.   F
On a night like this
       C7
I can't get any sleep

The air is so cold outside
       F
And the snow's so deep
        F7
Build a fire, throw on logs
    Bb   Gm7b5
And listen to it hiss
       F   C7
And let it burn, burn, burn, burn
       F
On a night like this

Bridge

Bb
Put your body next to mine
  F
And   keep me company
G
There is plenty a-room for all
   C7
So   please don't elbow me

Verse 4

N.C.   F
Let the four winds blow
        C7
Around this old cabin door

If I'm not too far off
       F
I think we did this once before
         F7
There's more frost on the window glass
    Bb   Gm7b5
With each new tender kiss
       F
But it sure feels right
C7   F
  On a night like this

Instrumental

‖: F | F | C7 | C7 | C7 | C7 | F | F |

| F | F7 | Bb | Gm7b5 F | C7 | F | F :‖

Repeat to fade

One More Cup Of Coffee (Valley Below)

Words & Music by Bob Dylan

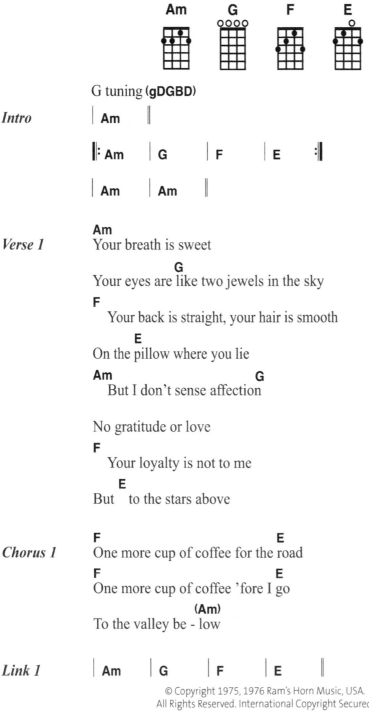

G tuning (**gDGBD**)

Intro | Am ‖

‖: Am | G | F | E :‖

| Am | Am ‖

Verse 1
Am
Your breath is sweet
      G
Your eyes are like two jewels in the sky
F
 Your back is straight, your hair is smooth
   E
On the pillow where you lie
Am   G
 But I don't sense affection

No gratitude or love
F
 Your loyalty is not to me
  E
But to the stars above

Chorus 1
F   E
One more cup of coffee for the road
F   E
One more cup of coffee 'fore I go
      (Am)
To the valley be - low

Link 1 | Am | G | F | E ‖

Verse 2

    (E)   **Am**
Your daddy he's an outlaw
        G
And a wanderer by trade
F
  He'll teach you how to pick and choose
      E
And how to throw the blade
Am
  He oversees his kingdom
G
So no stranger does intrude
    F
His voice it trembles as he calls out
      E
For an - other plate of food

Chorus 2   As Chorus 1

Link 2   As Link 1

Verse 3

    (E)   **Am**
Your sister sees the future
G
Like your mama and yourself
F
  You've never learned to read or write
      E
There's no books upon your shelf
Am
And your pleasure knows no limits
     G
Your voice is like a meadowlark
     F
But your heart is like an ocean
E
Mysterious and dark

Chorus 3   As Chorus 1

Outro   ‖: Am | G | F | E   :‖ Am   ‖

Percy's Song

Words & Music by Bob Dylan

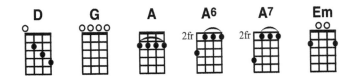

G tuning (**gDGBD**)

Intro | D | D | D | D   ‖

Verse 1
D   G   D
Bad news, bad news come to me where I sleep
A   A⁶ A⁷
   Turn, turn, turn again
       D   G
Sayin' one of your friends is in trouble deep
Em   G   A   A⁶ A⁷
   Turn, turn to the rain and the wind

Verse 2
D   G   D
Tell me the trouble, tell once to my ear
A   A⁶ A⁷   A   A⁶ A⁷
Turn, turn,   turn   again
D   G
Joliet prison and ninety-nine years
Em   G   A   A⁶ A⁷
   Turn, turn to the rain and the wind

Verse 3

```
D                            G          D
Oh what's the charge of how this came to be
A     A6 A7          A
  Turn,   turn, turn a - gain
D                   G
Manslaughter in the highest of degree
Em              G          A    A6 A7
  Turn, turn to the rain and the wind
```

Verse 4

```
D                            G          D
I sat down and wrote the best words I could write
A      A6      A7        A     A6 A7
  Turn,    turn,    turn a - gain
     D                      G
Ex - plaining to the judge I'd be there on Wednesday night
Em              G          A    A6 A7 A A6 A7
  Turn, turn to the rain and the wind
```

Verse 5

```
      D       G       D
With - out a reply I left by the moon
A                        A6 A7
  Turn, turn, turn again
          D                  G
And was in his chambers by the next afternoon
Em              G          A    A6 A7
  Turn, turn to the rain and the wind
```

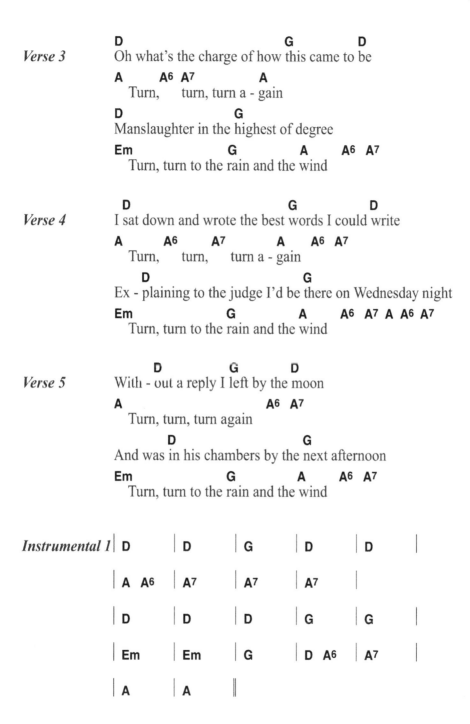

Instrumental 1 | D | D | G | D | D |

| A   A6 | A7 | A7 | A7 |

| D | D | D | G | G |

| Em | Em | G | D A6 | A7 |

| A | A   ‖

Verse 6

```
(A)       D                 G              D
Could ya tell me the facts? I said without fear
A            A6    A7
  Turn, turn, turn a - gain
          D                      G
That a friend of mine would get ninety-nine years
Em              G            A      A6  A7
  Turn, turn to the rain and the wind
```

Verse 7

```
          D                      G       D
A crash on the highway flew the car to a field
A        A6      A7       A     A6  A7
  Turn,    turn,    turn a - gain
              D                      G
There was four persons killed and he was at the wheel
Em              G            A      A6  A7
  Turn, turn to the rain and the wind
```

Verse 8

```
(A7)  D                       G           D
But I knew him as good as I'm knowin' my - self
A        A6      A7       A     A6  A7
  Turn,    turn,    turn a - gain
              D                      G
And he wouldn't harm a life that be - longed to someone else
Em              G            A      A6  A7
  Turn, turn to the rain and the wind
```

Verse 9

```
          D                 G        D
The judge spoke out of the side of his mouth
A        A6      A7       A     A6  A7
  Turn,    turn,    turn a - gain
              D                      G
Sayin', "The witness who saw, he left little doubt"
Em              G            A      A6  A7
  Turn, turn to the rain and the wind
```

Verse 10

(A7) D   **G**   **D**
That may be true, he's got a sentence to serve
A
Turn, turn, turn again
    D   **G**
But ninety-nine years he just don't deserve
Em   **G**   **A**   **A6** **A7**
   Turn, turn to the rain and the wind

Verse 11

    D   **G**   **D**
Too late, too late, for his case it is sealed
A   **A6**   **A7**   **A**   **A6** **A7**
  Turn,   turn,   turn a - gain
    D   **G**
His sentence is passed and it cannot be repealed
Em   **G**   **A**   **A6** **A7**
   Turn, turn to the rain and the wind

Verse 12

(A7)   **D**   **G**   **D**
But he ain't no criminal and his crime it is none
A   **A6**   **A7**   **A**   **A6** **A7**
  Turn,   turn,   turn a - gain
    D   **G**
What happened to him could happen to anyone
Em   **G**   **A**   **A6** **A7**
   Turn, turn to the rain and the wind

Instrumental 2 | **D** | **D** | **G** | **D** | **D** |

| **A** **A6** | **A7** | **A7** | **A7** |

| **D** | **D** | **D** | **G** | **G** |

| **Em** | **Em** | **G** | **A** **A6** | **A7** |

| **A** | **A**   ‖

Verse 13
(A)   **D**   **G**   **D**
And at that the judge jerked forward and his face it did freeze

A   **A6**   **A7**   **A** **A6 A7**
  Turn,   turn,   turn a - gain

         D   **G**
Sayin', "Could you kindly leave my office now, please"

Em   **G**   **A**   **A6 A7**
  Turn, turn to the rain and the wind

Verse 14
         D   **G**   **D**
Well his eyes looked funny and I stood up so slow

A   **A6**   **A7**   **A** **A6 A7**
  Turn,   turn,   turn a - gain

         D   **G**
With no other choice ex - cept but for to go

Em   **G**   **A**   **A6 A7**
  Turn, turn to the rain and the wind

Verse 15
         D   **G**   **D**
I walked down the hallway and I heard his door slam

A   **A6**   **A7**   **A** **A6 A7**
  Turn,   turn,   turn a - gain

         D   **G**
I walked down the courthouse stairs and I did not understand

Em   **G**   **A**   **A6 A7**
  Turn, turn to the rain and the wind

Instrumental 3| **D** | **D** | **G** | **D** | **D** |

              | **A** **A6** | **A7** | **A7** | **A7** |

              | **D** | **D** | **D** | **G** | **G** |

              | **Em** | **Em** | **G** | **A** **A6** | **A7** |

              | **A** | **A7**   ‖

Verse 16

    D   **G**   **D**
And I played my guitar through the night to the day

A   **A7** **A** **A6** **A7**
 Turn, turn, turn a - gain

      D   **G**
And the only tune my guitar could play

Em   **G**   **A**   **A6** **A7**
Was, "Oh the Cruel Rain and the Wind"

Outro

D	D	G	D	D	
A	A	D A6	A7		
D	D	D	G	G	
Em	Em	G	A	A	‖

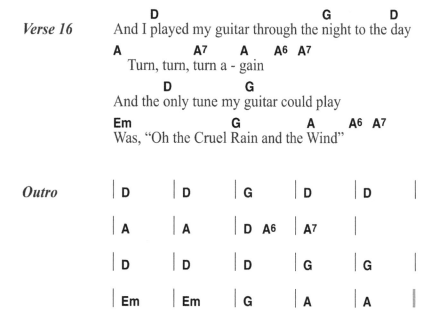

Pretty Saro

Traditional
Arranged by Bob Dylan

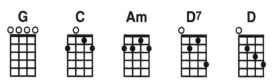

G tuning (**gDGBD**)

Intro | C C | G ‖

Verse 1

    G   **Am**
Down in some lone valley
    D⁷   **G**   **C G**
In a sad lonesome place
                     Am
Where the wild birds do warble
              D
Their notes to in - crease
           G   **C G**
Farewell pretty Saro
  Am   **D**
I bid you a - dieu
              Am
But I dream of pretty Saro
       G
Wherever I go

Link 1 | C C | C C | G ‖

Verse 2

G   Am
Well my love she won't have me

D7   G
So I under - stand

                   Am
She wants a free - holder

                         D
Who owns a house and land

                Am
I cannot main - tain her

               G   C G
With silver and gold

               Am
And all of the fine things

       D   G
That a big house can hold

Verse 3

G   Am
If I was a   poet

           D7   G   C G
And could write a fine hand

               Am
I'd write my love a letter

              D
That she'd under - stand

             Am
And write it by the river

                  G   C G
Where the waters over - flow

              Am
But I dream of pretty Saro

           D
Wherever I go

Outro | D | D | D | D |

             | G   ‖

Shelter From The Storm

Words & Music by Bob Dylan

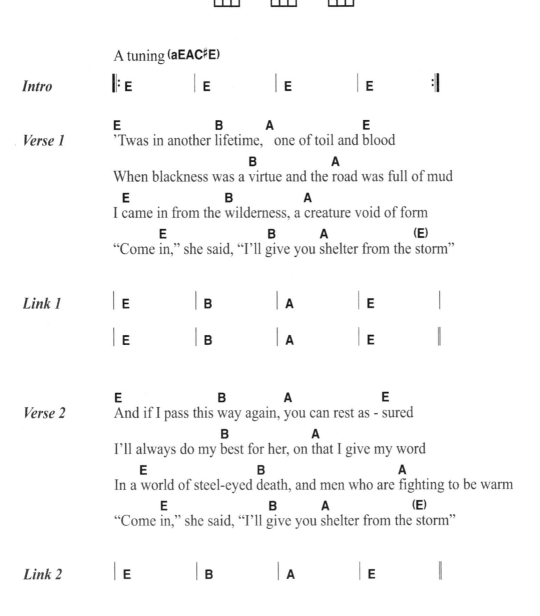

A tuning (aEAC#E)

Intro

| ‖: E | | E | | E | E | :‖ |

Verse 1

    E   B   A   E
'Twas in another lifetime,   one of toil and blood
                       B   A
When blackness was a virtue and the road was full of mud
    E   B   A
I came in from the wilderness, a creature void of form
            E   B   A   (E)
"Come in," she said, "I'll give you shelter from the storm"

Link 1

| E | B | A | E | |
| E | B | A | E | ‖ |

Verse 2

    E   B   A   E
And if I pass this way again, you can rest as - sured
               B   A
I'll always do my best for her, on that I give my word
       E   B   A
In a world of steel-eyed death, and men who are fighting to be warm
            E   B   A   (E)
"Come in," she said, "I'll give you shelter from the storm"

Link 2

| E | B | A | E | ‖ |

Verse 3

```
          E                           B                A               E
Not a word was spoke be - tween us, there was little risk in - volved
                  B                A
Everything up to that point had been left unresolved
          E             B                A
    Try imagin - ing a place where it's always safe and warm
                  E                B      A              (E)
"Come in," she said, "I'll give you shelter from the storm"
```

Link 3   As Link 1

Verse 4

```
          E                               B            A               E
I was burned out from ex - haustion, buried in the hail
                  B                A
Poisoned in the bushes an' blown out on the trail
          E             B                A
    Hunted like a crocodile, ra - vaged in the corn
                  E                B      A              (E)
"Come in," she said, "I'll give you shelter from the storm"
```

Link 4   As Link 1

Verse 5

```
          E         B                A               E
Sudenly I turned around and she was standin' there
                      B                A
With silver bracelets on her wrists and flowers in her hair
              E                B                A
She walked up to me so gracefully and took my crown of thorns
                  E                B      A              (E)
"Come in," she said, "I'll give you shelter from the storm"
```

Link 5   As Link 1

Verse 6

```
          E                   B      A                       E
Now there's a wall be - tween us, somethin' there's been lost
                  B      A
I took too much for granted, got my signals crossed
              E                B                A
Just to think that it all began on a long-forgotten morn
                  E                B      A              (E)
"Come in," she said, "I'll give you shelter from the storm"
```

Link 6   As Link 1

          E   E   A   E
Verse 7   Well, the deputy walks on hard nails and the preacher rides a mount
                     E   A
But nothing really matters much, it's doom alone that counts
            E   E   A
And the one-eyed under - taker, he blows a futile horn
          E   E   A   (E)
"Come in," she said, "I'll give you shelter from the storm"

Link 7   As Link 1

          E   E   A   E
Verse 8   I've heard newborn babies wailin' like a mournin' dove
                   E   A
And old men with broken teeth stranded without love
          E   E   A
Do I understand your question, man, is it hopeless and forlorn?
          E   E   A   (E)
"Come in," she said, "I'll give you shelter from the storm"

Link 8   As Link 1

          E   E   A   E
Verse 9   In a little hilltop village, they gambled for my clothes
                   E   A
I bargained for sal - vation an' they gave me a lethal dose
          E   E   A
I offered up my innocence and got repaid with scorn
          E   E   A   (E)
"Come in," she said, "I'll give you shelter from the storm"

Link 9   As Link 1

Verse 10

       E   B   A   E

Well, I'm livin' in a foreign country but I'm bound to cross the line

                   B   A

Beauty walks a razor's edge, some - day I'll make it mine

              E   B   A

If I could only turn back the clock to when God and her were born

             E   B   A   (E)

"Come in," she said, "I'll give you shelter from the storm"

Outro

E	B	A	E	
B	A	A		
E	B	A	A	
E	B	A	A	
E	B	A	E	
E	B	A	A	
E	B	A	A	
E	B	A	A	
E	B	A	A	E	‖

Simple Twist Of Fate

Words & Music by Bob Dylan

E	Emaj7	E7	A	Am	B	Bsus4

A tuning (aEAC#E)

Intro
| E | Emaj7 | E7 | A | Am | |

| E B A | E Bsus4 | E | ‖ |

Verse 1

E
They sat together in the park

Emaj7
As the evening sky grew dark

E7
She looked at him and he felt a spark

A
Tingle to his bones

Am
'Twas then he felt alone

            E   B   A
And wished   that he'd gone straight

        E   Bsus4   E
And watched out for a simple twist of fate

Verse 2

E
They walked along by the old canal

Emaj7
A little confused, I remember well

E7
And stopped into a strange hotel

        A
With a neon burnin' bright

    Am
He felt the heat of the night

E   B   A
Hit him like a freight train

E   Bsus4   E
Moving with a simple twist of fate

Verse 3

E
A saxophone someplace far off played

Emaj7
As she was walkin' on by the arcade

E7
As the light bust through a beat-up shade

A
Where he was wakin' up

Am
She dropped a coin into the cup

E   B   A
Of a blind man at the gate

E   Bsus4   E
And forgot about a simple twist of fate

Solo

| E | Emaj7 | E7 | A | Am |

| E B A | E   Bsus4| E   ‖

Verse 4

E
He woke up, the room was bare

Emaj7
He didn't see her anywhere

E7
He told himself he didn't care,

A
Pushed the window open wide

Am
Felt an emptiness inside

E   B   A
To which he just could not relate

E   Bsus4   E
Brought on by a simple twist of fate

Verse 5

E
 He hears the ticking of the clocks
Emaj7
 And walks along with a parrot that talks
E7
 Hunts her down by the waterfront docks
    A
Where the sailors all come in
   Am
Maybe she'll pick him out again,
   E **B** **A**
How long must he wait
E   **Bsus4**   **E**
One more time for a simple twist of fate

Verse 6

E
 People tell me it's a sin
Emaj7
 To know and feel too much within
E7
 I still believe she was my twin,
A
But I lost the ring
Am
She was born in spring,
   E **B**   **A**
But I was born too late
E   **Bsus4**   **E**
 Blame it on a simple twist of fate

Coda | E | Emaj7 | E7 | A | Am |

     | E B A | E Bsus4 | E ||

The Times They Are A-Changin'

Words & Music by Bob Dylan

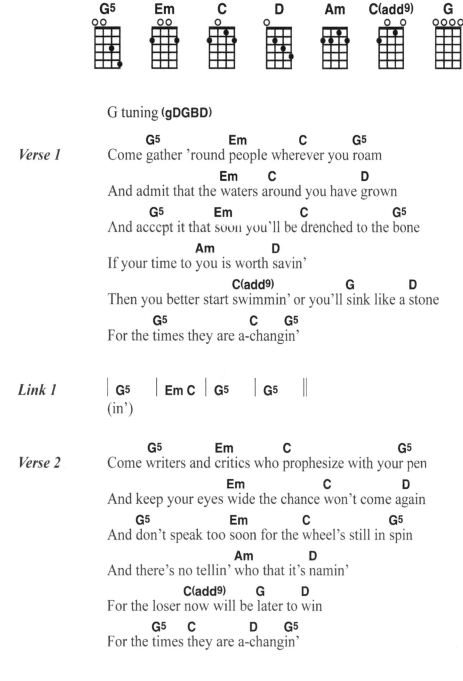

G tuning (**gDGBD**)

Verse 1

    G5   **Em**   **C**   **G5**
Come gather 'round people wherever you roam
               Em   **C**   **D**
And admit that the waters around you have grown
    G5   **Em**   **C**   **G5**
And acccpt it that soon you'll be drenched to the bone
             Am   **D**
If your time to you is worth savin'
             C(add9)   **G**   **D**
Then you better start swimmin' or you'll sink like a stone
    G5   **C** **G5**
For the times they are a-changin'

Link 1 | **G5** | **Em C** | **G5** | **G5** ||
(in')

Verse 2

    G5   **Em**   **C**   **G5**
Come writers and critics who prophesize with your pen
               Em   **C**   **D**
And keep your eyes wide the chance won't come again
    G5   **Em**   **C**   **G5**
And don't speak too soon for the wheel's still in spin
             Am   **D**
And there's no tellin' who that it's namin'
       C(add9)   **G**   **D**
For the loser now will be later to win
    G5   **C**   **D** **G5**
For the times they are a-changin'

Verse 3

       G5   **Em**   **C**   **G5**
Come senators, congressmen, please heed the call

                  Em   **C**   **D**
Don't stand in the doorway, don't block up the hall

   G5   **Em**   **C**   **G5**
For he that gets hurt will be he who has stalled

               Am   **D**
There's a battle outside and it is ragin'

                C(add9)   **G**   **D**
It'll soon shake your windows and rattle your walls

        G5   **C**   **D**   **G5**
For the times they are a-changin'

Link 3 | **G5** | **D C(add9)** | **D G5** ‖
            (in')

Verse 4

       G5   **Em**   **C**   **G5**
Come mothers and fathers throughout the land

             Em   **C**   **D**
And don't criticize what you can't understand

   G5   **Em**   **C**   **G5**
Your sons and your daughters are beyond your command

               Am   **D**
Your old road is rapidly agin'

                C(add9)   **G**   **D**
Please get out of the new one if you can't lend your hand

        G5   **D**   **G5**
For the times they are a-changin'

Link 4 | **G5** | **Em C** | **G5** | **D C(add9)** |
            (in')

            | **G D** | **D G5** | **C D** | **G5** | **G5** ‖

Verse 5

    G⁵   **Em**   **C**   **G⁵**
The line it is drawn, the curse it is cast

           Em   **C**   **D**
The slow one now will later be fast

     G⁵   **Em**   **C**   **G⁵**
As the present now will later be past

        Am   **D**
The order is rapidly fadin'

           C(add9) **G**   **D**
And the first one now will later be last

     G⁵   **Em**   **D**   **G⁵**
For the times they are a-changin'

Coda | **G⁵** | **Em C** | **G⁵** | **Em C** ‖
            (in')

Tangled Up In Blue

Words & Music by Bob Dylan

A   Asus⁴   A*   G%   D   E   F♯m   G

A tuning (aEAC♯E)

Intro

| A   Asus⁴ | A   Asus⁴ | A   Asus⁴ | A   Asus⁴ ||

Verse 1

A*   G%   A*   G%
Early one mornin' the sun was shinin', I was layin' in bed

A*   G%   D
Wond'rin' if she'd changed at all, if her hair was still red

A*   G%   A*   G%
Her folks they said our lives together sure was gonna be rough

        A*   G%
They never did like Mama's homemade dress

        D
Papa's bankbook wasn't big enough

        E   F♯m   A   D
And I was standin' on the side of the road, rain fallin' on my shoes

E   F♯m
    Heading out for the East Coast

        A   D   E
Lord knows I've paid some dues gettin' through

G   D   A   Asus⁴
Tangled up in blue

| A   Asus⁴ | A   Asus⁴ | A   Asus⁴ ||

Verse 2

A*   G%   A*   G%
She was married when we first met,   soon to be divorced

A*   G%   D
    I helped her out of a jam, I guess, but I used a little too much force

        A*   G%   A*   G%
We drove that car as far as we could, abandoned it out West

A*   G%   D
    Split up on a dark sad night both agreeing it was best

cont.

```
E                         F♯m           A              D
She turned around to look at me as I was walkin' away
E                         F♯m
   I heard her say over my shoulder
        A            D              E
"We'll meet again someday on the avenue"
G        D     A     Asus4
Tangled up in blue
```

```
│ A      Asus4 │ A      Asus4 │ A      Asus4 ‖
```

Verse 3
```
A*              G%              A*                G%
I had a job in the great north woods working as a cook for a spell
     A*            G%                D
But I never did like it all that much and one day the ax just fell
     A*            G%              A*          G%
So I drifted down to New Orleans where I happened to be employed
A*                  G%            D
Workin' for a while on a fishin' boat right outside of Delacroix
E              F♯m           A              D
But all the while I was alone the past was close behind
E              F♯m           A           D                E
I seen a lot of women but she never escaped my mind, and I just grew
G        D     A     Asus4
Tangled up in blue
```

```
│ A      Asus4 │ A      Asus4 │ A      Asus4 ‖
```

Verse 4
```
A*              G%                A*              G%
She was workin' in a topless place and I stopped in for a beer
  A*                G%                  D
I just kept lookin' at the side of her face in the spotlight so clear
     A*           G%
And later on as the crowd thinned out
     A*                G%
I's just about to do the same
        A*              G%
She was standing there in back of my chair
     D
Said to me, "Don't I know your name?"
E                         F♯m
I muttered somethin' underneath my breath
     A                 D
She studied the lines on my face
```

cont.
```
    E                    F♯m
I must admit I felt a little uneasy
          A                 D          E
When she bent down to tie the laces of my shoe
G     D    A    Asus4
Tangled up in blue
```

| A   Asus4 | A   Asus4 | A   Asus4 ‖

Verse 5
```
A*            G%            A*          G%
She lit a burner on the stove and offered me a pipe
A*              G%
"I thought you'd never say hello," she said
        D
"You look like the silent type"
          A*          G%            A*        G%
Then she opened up a book of poems and handed it to me
A*          G%                  D
Written by an Italian poet from the thirteenth century
         E                F♯m
And every one of them words rang true
        A             D
And glowed like burnin' coal
E               F♯m
Pourin' off of every page
          A          D           E
Like it was written in my soul from me to you
G     D    A    Asus4
Tangled up in blue
```

| A   Asus4 | A   Asus4 | A   Asus4 ‖

Verse 6
```
  A*                G%
I lived with them on Montague Street
    A*                G%
In a basement down the stairs
          A*          G%
There was music in the cafés at night
      D
And revolution in the air
      A*        G%
Then he started into dealing with slaves
      A*                G%
And something inside of him died
A*              G%                D
She had to sell everything she owned and froze up inside
```

cont.

```
        E              F♯m            A              D
And when finally the bottom fell out I became withdrawn
        E              F♯m
The only thing I knew how to do
        A              D              E
Was to keep on keepin' on like a bird that flew
G       D      A      Asus⁴
Tangled up in blue
```

```
│ A    Asus⁴ │ A    Asus⁴ │ A    Asus⁴ ‖
```

Verse 7

```
        A*             G%             A*             G%
So now I'm goin' back again, I got to get to her somehow
A*             G%                     D
All the people we used to know they're an illusion to me now
A*             G%     A*              G%
Some are mathematicians, some are carpenters' wives
        A*             G%
Don't know how it all got started
               D
I don't know what they're doin' with their lives
        E              F♯m            A              D
But me, I'm still on the road headin' for another joint
E              F♯m
We always did feel the same
        A              D              E
We just saw it from a different point of view
G       D      A      Asus⁴
Tangled up in blue
```

```
│ A    Asus⁴ │ A    Asus⁴ │ A    Asus⁴ ‖
```

Coda

```
‖: A* G% │ A* G% │ A* G% │ D      :‖

│ E   F♯m │ A   D │ E   F♯m │ A   D │

│ E      │ G   D   A ‖
```

Bringing you the words and the music